Mikro-Disziplin

Wie man durch kleine tägliche Gewohnheiten eine unzerbrechliche Selbstkontrolle aufbaut, die Prokrastination überwindet und Erfolg erzielt

Jordan Cross

Copyright © Jordan Cross 2025 - Alle Rechte vorbehalten.

Der Inhalt dieses Buches darf ohne direkte schriftliche Genehmigung des Autors oder des Herausgebers nicht reproduziert, vervielfältigt oder übertragen werden.

Unter keinen Umständen kann der Herausgeber oder der Autor für Schäden, Wiedergutmachung oder finanzielle Verluste aufgrund der in diesem Buch enthaltenen Informationen haftbar gemacht werden. Weder direkt noch indirekt. Sie sind für Ihre eigenen Entscheidungen, Handlungen und Ergebnisse verantwortlich.

Rechtlicher Hinweis:

Dieses Buch ist urheberrechtlich geschützt. Dieses Buch ist nur für den persönlichen Gebrauch bestimmt. Ohne die Zustimmung des Autors oder Herausgebers dürfen Sie keine Teile oder den Inhalt dieses Buches verändern, verteilen, verkaufen, verwenden, zitieren oder paraphrasieren.

Hinweis zum Haftungsausschluss:

Bitte beachten Sie, dass die in diesem Dokument enthaltenen Informationen nur für Bildungs- und Unterhaltungszwecke bestimmt sind. Es wurden alle Anstrengungen unternommen, um genaue, aktuelle, zuverlässige und vollständige Informationen zu präsentieren. Es werden keine Garantien jeglicher Art erklärt oder impliziert. Der Leser erkennt an, dass der Autor keine rechtliche, finanzielle, medizinische oder professionelle Beratung anbietet. Der Inhalt dieses Buches wurde aus verschiedenen Quellen entnommen. Bitte konsultieren Sie einen zugelassenen Fachmann, bevor Sie die in diesem Buch beschriebenen Techniken ausprobieren.

Mit der Lektüre dieses Dokuments erklärt sich der Leser damit einverstanden, dass der Autor unter keinen Umständen für direkte oder indirekte Verluste verantwortlich ist, die durch die Nutzung der in diesem Dokument enthaltenen Informationen entstehen, einschließlich, aber nicht beschränkt auf - Fehler, Auslassungen oder Ungenauigkeiten.

Inhalt

Einleitung: Die Mikro-Revolution beginnt	v
1. Der Sabotagekodex	1
2. Die Denkweise der Mikromission	20
3. Der mühelose Motor	36
4. Das Kryptonit der Aufschieberitis	50
5. Den eisernen Willen schmieden	64
6. Unsichtbare Gewohnheiten	79
7. Chaos als Katalysator	90
8. Das Geheimnis der Skalierung	102
9. Der ewige Rahmen	115
10. Entfesselte Meisterschaft	128
Schlussfolgerung: Das Mikro-Vermächtnis	141
Bonus: Zusammenfassung & Mikrogewinne	149
Referenzen	157

Einleitung: Die Mikro-Revolution beginnt

Was wäre, wenn es bei der Selbstdisziplin nicht darum ginge, härter zu arbeiten, sondern darum, das Schlachtfeld zu verkleinern?

Jahrelang hat man uns gesagt, dass es bei Disziplin um schiere Willenskraft geht - die Fähigkeit, Widerstände zu überwinden, uns zum Handeln zu zwingen und gegen Aufschieberitis anzukämpfen. Aber was wäre, wenn das Geheimnis der Selbstdisziplin nicht darin bestünde, härter zu arbeiten, sondern darin, die Reibung zu beseitigen, die das Handeln überhaupt erst schwierig macht?

Genau das hat eine kämpfende Freiberuflerin entdeckt, als ihr chaotisches Leben einen Bruchpunkt erreichte.

Die 30-Sekunden-Gewohnheit, die alles verändert hat

Sarah war am Ertrinken.

Als freiberufliche Designerin hatte sie keine festen Arbeitszeiten, keinen Chef, der ihr im Nacken saß, und keine äußere Struktur, die sie zwang, produktiv zu bleiben. Zuerst fühlte es sich wie Freiheit an - bis es nicht mehr so war.

Fristen wurden verschoben. Die Arbeit stapelte sich. E-Mails blieben unbeantwortet. Aus Tagen wurden Wochen mit unproduktiven Schuldgefühlen, in denen sie sich versprach, es "morgen" besser zu machen, nur um dann in den sozialen Medien zu scrollen oder eine weitere Netflix-Serie zu schauen.

Sarah war nicht faul. Ihre Arbeit lag ihr am Herzen. Aber jedes Mal, wenn sie sich hinsetzte, um ein Projekt zu beginnen, sträubte sich ihr Gehirn. Die Aufgabe fühlte sich überwältigend an, der Einsatz war zu hoch, der Druck zu groß. Die Schwere des Themas hielt sie davon ab, anzufangen.

Eines Abends nahm sie aus lauter Frustration eine kleine Änderung vor. Anstatt sich zu zwingen, "einfach mit der Arbeit zu beginnen", nahm sie sich etwas absurd Kleines vor: Sie öffnete ein leeres Dokument und schrieb den Titel des Projekts.

Das war's.

Kein Druck, etwas zu beenden. Keine Erwartung, einen ganzen Abschnitt abzuschließen. Nur ein einfacher, müheloser erster Schritt.

Was dann geschah, überraschte sie. In dem Moment, in dem das Dokument geöffnet war, ließ der Widerstand nach. Sie dachte sich, sie könnte genauso gut den ersten Satz tippen. Dann noch einen. Innerhalb von zehn Minuten war sie in ihre Arbeit vertieft und voll beschäftigt.

Es war nicht Willenskraft, die sie in Bewegung brachte. Es war die Beseitigung der mentalen Barriere, die sie davon abhielt. Mit der Zeit wandte sie das gleiche Prinzip auch auf andere Bereiche an:

- Anstatt ein komplettes Training zu absolvieren, versprach sie sich eine Kniebeuge.
- Anstatt ihren gesamten Posteingang zu bearbeiten, antwortete sie auf eine einzige E-Mail.
- Anstatt zwanzig Minuten lang zu meditieren, atmete sie einmal tief durch.

Jede kleine Handlung beseitigte den Widerstand. Und als sie diese kleinen Erfolge häufte, geschah etwas Bemerkenswertes: Sie hörte auf, auf Motivation zu warten, und begann, aus Gewohnheit zu handeln.

Sarahs Produktivität stieg sprunghaft an, ihre Zauderei ließ nach, und Disziplin wurde zur zweiten Natur. Nicht durch Zwang. Nicht durch Willenskraft. Sondern durch eine einfache Veränderung der Herangehensweise. Um diese Veränderung geht es in diesem Buch.

Meine Reise zur Selbstdisziplinierung

Ich erinnere mich noch an den Tag, an dem meine jüngere Schwester Sarah zu mir kam und mir sagte, dass sie sich Sorgen um mich mache. Sie war nur drei Jahre jünger, aber in diesem Moment fühlte sie sich mir um Jahre voraus. Sie hatte eine stabile Karriere, ein Leben voller Ziele und einen Sinn für Orientierung, der mir völlig fehlte. Ich war 28 Jahre alt, arbeitslos, ziellos und ertrank in einem endlosen Kreislauf aus Videospielen und... Pornografie. Ich sagte mir immer wieder, dass ich mit diesen schlechten Angewohnheiten aufhören würde *morgen - aber* das Morgen kam nie.

Ich hatte mir eingeredet, dass das Leben einfach ungerecht sei, dass ich irgendwie zum Scheitern verurteilt sei, während andere Erfolg hätten. Ich schob die Schuld auf den Arbeitsmarkt, die Wirtschaft und sogar auf mein eigenes Pech. Aber tief im Inneren kannte ich die Wahrheit: Ich war das Problem. Niemand war gekommen, um mich zu retten.

Diese Erkenntnis traf mich eines Abends wie ein Güterzug, als ich in den Spiegel schaute und die Person, die mich anschaute, kaum wiedererkannte. Jahrelang hatte ich darauf gewartet, dass die Motivation zuschlägt, und gehofft, dass sich etwas in meinem Leben ändert. Aber nichts hat sich geändert - weil ich mich nicht geändert habe.

Das war die Nacht, in der ich beschloss, die Kontrolle zu übernehmen. Nicht mit großen Vorsätzen oder überwältigenden Plänen, sondern mit etwas täuschend Einfachem: *kleine, tägliche Disziplin.*

Am Anfang war es schmerzhaft. Frühes Aufstehen, weniger Zeit vor dem Bildschirm, mich zwingen, *die schwierigen Dinge zu tun*, anstatt zu faulenzen. Aber mit jedem winzigen Schritt nach vorn spürte ich eine Veränderung. Die Ketten, die mich lähmten - Aufschieberitis, Sucht, Selbstzweifel - begannen zu brechen. Ich begann, über Gewohnheiten, Psychologie und Selbstdisziplin zu lesen. Ich nahm mir vor, etwas aufzubauen, auch wenn ich keine Ahnung hatte, was daraus werden würde.

Ich habe mein erstes Online-E-Commerce-Geschäft gegründet, nicht, weil ich alles im Griff hatte, sondern weil ich bereit war, aufzutauchen *jeden Tag* und mich an die Arbeit zu machen. Der Erfolg stellte sich nicht über Nacht ein, aber auch nicht das Scheitern, das mich so lange festgehalten hatte. Mit der Zeit wurde die Disziplin zur zweiten Natur. Ich arbeitete nicht nur an einem Unternehmen, sondern baute wieder auf*auch mich selbst* .

Heute habe ich nicht nur mehrere sechsstellige Online-Geschäfte aufgebaut, sondern auch begonnen, Bücher zu veröffentlichen, um mein Wissen weiterzugeben. Hätten Sie mir vor ein paar Jahren gesagt, dass ich einmal ein Buch über Selbstdisziplin schreiben würde, hätte ich Ihnen ins Gesicht gelacht. Aber jetzt weiß ich aus erster Hand, dass es bei Veränderungen nicht um Willenskraft oder Talent geht - es geht darum, immer wieder aufzutauchen, egal wie klein die Schritte auch erscheinen mögen. Sich für sich selbst zu engagieren, wird die beste Entscheidung sein, die Sie je treffen werden.

Sarah scherzt immer noch über das Gespräch, das wir vor Jahren hatten - das Gespräch, in dem sie mich anflehte, mein Leben zu ändern. Sie erzählt mir, wie stolz sie ist und dass sie den Menschen, der ich einmal war, kaum wiedererkennt. Und ganz ehrlich? Ich auch nicht. Denn diese Version von mir ist verschwunden.

Die Person, die dies schreibt? Er hat beschlossen, die Veränderung. Und wenn Sie in Ihrem eigenen Kreislauf von Selbstzweifeln und Zaudern feststecken, hoffe ich, dass Sie erkennen, dass auch Sie die Veränderung sein können. Der Zweck meiner Geschichte ist nicht, Sie zu beeindrucken. Ich bin weder ein Multimilliardär noch ein Spitzensportler. Aber ich konnte das, was ich in diesem Buch erzähle, dazu nutzen, mein Leben neu zu gestalten, auf die Person zurückzublicken, die ich vor 5 Jahren war, und stolz auf die Entscheidungen zu sein, die ich getroffen habe.*zu sein*

Lassen Sie uns zunächst das Thema dieses Buches aufdecken, was Disziplin wirklich bedeutet und wie Sie dieses Buch nutzen können, um für sich selbst die Veränderung zu schaffen, die Sie nie für möglich gehalten hätten.

Thema dieses Buches

Große Ziele lähmen. Kleine Schritte befreien.

Unser Gehirn ist so verdrahtet, dass es überwältigenden Aufgaben widersteht. Deshalb scheitern die meisten Neujahrsvorsätze innerhalb weniger Wochen, weil die Menschen versuchen, ihren gesamten Lebensstil über Nacht zu ändern.

Anstatt sich riesige, entmutigende Ziele zu setzen, besteht die Lösung darin, sie auf ihre kleinstmögliche Version zu reduzieren. Sie wollen ein Buch schreiben? Schreiben Sie zunächst einen Satz. Wollen Sie in Form kommen? Beginnen Sie mit einem Hampelmann. Je einfacher der Anfang ist, desto eher werden Sie weitermachen.

Disziplin neu definieren

Die meisten Menschen sehen Disziplin als eine Form der Bestrafung - etwas Unangenehmes, das Leiden und Opfer erfordert. Aber wahre Disziplin ist das Gegenteil. Disziplin ist keine Einschränkung. Sie ist Freiheit.

Wenn Sie diszipliniert sind:

- Sie arbeiten effizient, was bedeutet, dass Sie mehr freie Zeit haben.
- Sie kontrollieren Ihre Gewohnheiten, anstatt sich von Impulsen kontrollieren zu lassen.
- Sie verringern den Stress, weil sich die Aufgaben nicht stapeln und Sie nicht überfordert werden.

Dieses Buch basiert auf einer einfachen, aber wirkungsvollen Idee: *Kleine Veränderungen führen zu großen Ergebnissen.* Anstatt sich auf Motivation zu verlassen oder sich selbst zu zwingen, härter zu arbeiten, lernen Sie, wie Sie Ihre Gewohnheiten und Ihr Umfeld so umprogrammieren, dass Selbstdisziplin automatisch wird.

Was Sie lernen werden:

- Wie man die Impulskontrolle mit unkonventionellen Mitteln meistert, die es leicht machen, Ablenkungen zu widerstehen - oder zumindest viel leichter.
- Wie Sie die Prokrastination mit einem einfachen Trick besiegen können, der Sie zwingt, sofort zu handeln.

- Wie man unerschütterliche Gewohnheiten entwickelt, indem man die Wissenschaft der Gewohnheitsbildung und der Mikrogewinne nutzt.
- Wie man sich selbst diszipliniert

Jedes Kapitel ist so geschrieben, dass es auf dem letzten aufbaut, daher ist es sehr empfehlenswert, das Buch von Anfang bis Ende zu lesen. Selbst wenn Sie etwas lesen, bei dem Sie denken: "Oh, das habe ich schon mal gelesen". Ich möchte Sie herausfordern und Sie fragen: "Lebst du es?"

Wie man dieses Buch benutzt

Um diese Prinzipien zu festigen, baut dieses Buch auf drei wichtigen Säulen auf, die Ihre Selbstdisziplin erhöhen werden:

- **Denkweise** - Umstellung der Denkweise über Disziplin und Motivation.

- **Mechanik** - Anwendung einfacher, wirksamer Techniken zur Beseitigung von Widerständen.

- **Beherrschung** - Verinnerlichung dieser Veränderungen, damit sie zur zweiten Natur werden.

Jedes Kapitel endet mit einem Abschnitt namens "Quick Micro Wins". Jeder "Quick Micro Wins" bietet 3-5 umsetzbare Ideen, die Sie sofort umsetzen können. Betrachten Sie dieses Buch als Arbeitsbuch und nicht als eines, das Sie nur in einer Sitzung lesen und im wirklichen Leben nicht verändern. Dies ist nicht nur ein Buch, das Sie lesen. Es ist ein Buch, das Sie benutzen.

Eine Reise vom Chaos zur Kontrolle

Dieses Buch ist so konzipiert, dass es eine Veränderung bewirkt, nicht nur Informationen. Jedes Kapitel wird Ihnen dabei helfen, eine neue Ebene der Kontrolle über Ihre Zeit, Ihre Gewohnheiten und Ihr Handeln zu erlangen. Am Ende werden Sie hoffentlich nicht mehr wiederzuerkennen sein - im besten Sinne. Wenn Sie die Seite umblättern, denken Sie daran: *Der kleinste Schritt ist der mächtigste Sprung.*

Kapitel 1

Der Sabotagekodex

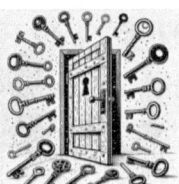

Ihr Gehirn ist ein Doppelagent. Es soll Ihnen helfen, sich zu konzentrieren, diszipliniert zu bleiben und kluge Entscheidungen zu treffen. Doch immer wieder betrügt es Sie.

Sie sagen sich, dass Sie früh aufstehen und trainieren werden, aber wenn der Morgen anbricht, drücken Sie auf die Schlummertaste. Sie nehmen sich Zeit, um den Bericht zu schreiben, doch plötzlich erscheint es Ihnen dringender, Ihren Schreibtisch zu ordnen. Sie setzen sich ein Ziel und haben die Absicht, es zu erreichen, doch die Stunden vergehen, während Sie durch Ihr Telefon scrollen.

Mit diesem Kampf sind Sie nicht allein. Das menschliche Gehirn, das auf Überleben ausgelegt ist, bevorzugt Bequemlichkeit gegenüber Herausforderungen, kurzfristige Belohnungen gegenüber langfristigen Vorteilen und Sicherheit gegenüber Risiken. Was sich wie Faulheit oder mangelnde Disziplin anfühlt, ist oft nur eine veraltete Programmierung, die dafür sorgt, dass sich Produktivität unnatürlich anfühlt und Aufschieberitis unvermeidlich ist.

Aber das Gehirn ist keine unveränderliche Kraft. Dieselben Mechanismen, die die Disziplin erschweren, können so umprogrammiert werden, dass sie mühelos funktionieren. Der Schlüssel liegt darin, die Funktionsweise des Gehirns zu verstehen, seine Tricks zu erkennen und zu lernen, wie man sie zu seinen Gunsten verändern kann.

Die Biologie des Verrats

Ihr Kampf mit der Disziplin ist kein persönliches Versagen - es ist eine biologische Realität. Die moderne Welt hat sich viel schneller entwickelt als das menschliche Gehirn, so dass wir auf eine Lebensweise eingestellt sind, die nicht mehr existiert.

Dopamin-Entführung

Warum zieht Ihr Gehirn die sofortige Befriedigung dem Fortschritt vor? Jedes Mal, wenn Sie sich der Arbeit entziehen, um stattdessen Ihr Telefon zu checken oder fernzusehen, trifft Ihr Gehirn eine kalkulierte Entscheidung - eine, die kurzfristiges Vergnügen dem langfristigen Erfolg vorzieht.

Diese Entscheidung wird durch gesteuert**Dopamin** , einen Neurotransmitter, der die Motivation antreibt und das Verhalten verstärkt. In einer alten Welt, in der das Überleben davon abhing, jede Gelegenheit für Nahrung, Unterkunft und soziale Kontakte zu ergreifen, funktionierte dieses System zu unserem Vorteil. Heute funktioniert es nicht mehr.

Die moderne Technologie macht sich diese Dopaminschleife zunutze und bombardiert uns mit schnellen und einfachen Belohnungen, wenn wir auf einen Bildschirm tippen. Soziale Medien, Streaming-Dienste, Junkfood, Videospiele. All diese modernen Normen lösen massive Dopaminschübe aus, ohne dass man sich anstrengen muss. Das Gehirn, das darauf ausgerichtet ist, die größte Belohnung für den geringsten Aufwand zu erhalten, zieht diese Aktivitäten mit hoher Stimulanz natürlich vor.

Deshalb fällt es Ihnen vielleicht leichter, endlos durch die sozialen Medien zu scrollen, als eine wichtige E-Mail zu schreiben, ein Videospiel zu spielen, als Sport zu treiben, und Ihren Posteingang zu aktualisieren, anstatt die schwierige Aufgabe zu beginnen, die Sie bisher vermieden haben.

Das Ergebnis? Ihr Gehirn wird darauf konditioniert, sofortige Befriedigung zu suchen, wodurch sich Selbstdisziplin wie ein harter Kampf anfühlt.

Die Umstellung dieses Systems beginnt mit dem Verständnis eines Schlüsselprinzips: Wenn Sie Ihr Verhalten ändern wollen, müssen Sie ändern, was Ihr Gehirn als belohnend empfindet.

Der einfachste Weg, dies zu erreichen, besteht darin, die Produktivität unmittelbar befriedigend zu gestalten und gleichzeitig die Ablenkungen weniger zugänglich zu machen. Verkleinern Sie Ihre Ziele, damit die Erfolge schneller eintreten, und sorgen Sie für kleine, aber stetige Dopaminschübe, die die Disziplin stärken. Errichten Sie Barrieren zwischen sich und Ablenkungen, damit Sie nicht in Versuchung geraten. Und wenn möglich, verbinden Sie die Aktivitäten, die Ihnen Spaß machen, mit den Gewohnheiten, die Sie sich aneignen wollen - hören Sie Musik, während Sie trainieren, trinken Sie Ihren Lieblingskaffee nur, wenn Sie in eine Aufgabe vertieft sind -, damit Ihr Gehirn beginnt, Anstrengung mit Genuss zu verbinden.

Bei der Disziplin geht es nicht darum, der Versuchung durch bloße Willenskraft zu widerstehen. Es geht darum, ein Umfeld zu schaffen, in dem gute Gewohnheiten zur Standardwahl werden.

· · ·

Entscheidungsmüdigkeit

Jede Entscheidung, die Sie im Laufe des Tages treffen, erschöpft Ihre geistige Energie. Je mehr Entscheidungen Sie treffen, desto schwieriger wird es, sich selbst zu disziplinieren.

Deshalb fühlt es sich nach einem langen Arbeitstag fast unmöglich an, eine gesunde Mahlzeit zu kochen oder ins Fitnessstudio zu gehen. Das ist der Grund, warum Sie vielleicht morgens konzentriert und motiviert beginnen, sich aber am Nachmittag dabei ertappen, dass Sie etwas aufschieben oder schlechte Entscheidungen treffen.

Der Name für dieses Phänomen ist Entscheidungsmüdigkeit. Wenn das Gehirn mit Entscheidungen überfordert ist, entscheidet es sich für die am wenigsten schmerzhafte Option, die oft auch die am wenigsten produktive ist.

Die Lösung besteht darin, unnötige Entscheidungen zu reduzieren. Je weniger Entscheidungen Sie treffen müssen, desto mehr geistige Energie sparen Sie für die Dinge, die wirklich wichtig sind.

Viele der leistungsstärksten Menschen der Welt - Vorstandsvorsitzende, Sportler, Künstler - wenden eine Strategie an, die als Vorentscheidung bekannt ist. Sie eliminieren kleine, sich wiederholende Entscheidungen aus ihrem täglichen Leben, indem sie feste Routinen einrichten. Sie tragen jeden Tag das gleiche Outfit, essen das gleiche Frühstück und folgen dem gleichen Arbeitsplan. Diese scheinbar unbedeutenden Vereinfachungen setzen eine enorme geistige Bandbreite frei, die es ihnen erleichtert, sich auf sinnvolle Aufgaben zu konzentrieren.

Sie können dieses Prinzip anwenden, indem Sie Ihre häufigsten Entscheidungen automatisieren. Legen Sie vordefinierte Regeln für Ihren Tagesablauf fest. Verwenden Sie "Wenn-dann"-Strategien, um das Zögern zu beseitigen - wenn es Morgen ist, dann trainieren Sie; wenn es Wochenende ist, dann lesen Sie dreißig Minuten. Beseitigen

Sie Ablenkungen im Voraus, damit die Entscheidung, sich zu konzentrieren, bereits für Sie getroffen ist.

Wenn Sie die Anzahl der täglichen Entscheidungen reduzieren, haben Sie mehr Energie für die wirklich wichtigen Entscheidungen.

Der Amygdala-Alarm

Das Gehirn ist nicht nur auf die Suche nach Vergnügen ausgerichtet, sondern auch auf die Vermeidung von Schmerz.

Im Zentrum dieses Vermeidungssystems steht die Amygdala, der Teil des Gehirns, der für die Erkennung von Bedrohungen und die Auslösung der Stressreaktion zuständig ist. In der Vergangenheit war diese Reaktion überlebenswichtig und half uns, schnell auf Gefahren zu reagieren. Aber in der heutigen Welt arbeitet sie gegen uns.

Ihre Amygdala kann nicht zwischen einer lebensbedrohlichen Situation und dem Unbehagen, ein schwieriges Projekt zu beginnen, unterscheiden. Sie weiß nur, dass sich eine Aufgabe überwältigend, ungewohnt oder riskant anfühlt, und sie reagiert darauf, indem sie Stresssignale aussendet, die Sie dazu bringen, sie zu vermeiden.

Deshalb zögern wir, bevor wir eine große Aufgabe in Angriff nehmen. Warum wir einen wichtigen Telefonanruf aufschieben. Warum wir hinauszögernMaßnahmen , selbst wenn wir wissen, dass es in unserem besten Interesse ist. Das Gehirn gibt der Sicherheit den Vorrang, und dadurch fühlt sich Untätigkeit bequemer an als Fortschritt.

Die einzige Möglichkeit, diese Reaktion außer Kraft zu setzen, besteht darin, die Art und Weise, wie Ihr Gehirn schwierige Aufgaben wahrnimmt, zu verändern. Anstatt sich auf die gesamte Aufgabe zu konzentrieren, sollten Sie Ihre Aufmerksamkeit auf die kleinstmögliche Aktion beschränken. Wenn Sie einen Bericht schreiben müssen, konzentrieren Sie sich nicht darauf, ihn zu beenden, sondern darauf, den ersten Satz zu tippen. Wenn Sie Ihr Haus aufräumen müssen, versuchen Sie nicht, die ganze Arbeit zu beenden, sondern beginnen Sie mit einem einzigen Gegenstand.

Indem man die Aufgabe auf etwas so Kleines reduziert, dass sie keinen Widerstand mehr auslöst, umgeht man das Alarmsystem der Amygdala. Das Gehirn nimmt die Aktion nicht mehr als Bedrohung wahr, und wenn man einmal angefangen hat, treibt einen der Schwung ganz natürlich voran.

Die Angst verschwindet, wenn man etwas tut. Der schwierigste Teil ist immer der Anfang.

Ihr Gehirn will Sie sabotieren - außer Sie übernehmen die Kontrolle

Der menschliche Geist ist darauf programmiert, Komfort zu suchen, Energie zu sparen und Risiken zu vermeiden. Er ist auf Überleben eingestellt, nicht auf Erfolg. Jedes Mal, wenn Sie etwas aufschieben, um sich abzulenken, jedes Mal, wenn Sie zögern, anstatt voranzukommen, jedes Mal, wenn Sie den einfachen Weg dem richtigen vorziehen - das ist kein Mangel an Disziplin, sondern eine biologische Voreinstellung.

Die gute Nachricht: Biologie ist kein Schicksal. Das Gehirn ist anpassungsfähig. Es kann neu verdrahtet werden. Jedes Mal, wenn Sie die kluge Entscheidung treffen, etwas zu tun, das Sie Ihren Zielen näher bringt, verdrahten Sie es neu. Tag für Tag kann und wird Ihr Gehirn lernen, das zu tun, was Sie wollen, und zwar mit immer geringerem Widerstand.

Umweltfeinde

Der Kampf um Selbstdisziplin spielt sich nicht nur in Ihrem Kopf ab, sondern auch in Ihrer Umgebung. Ihre Umgebung ist entweder ein

Verbündeter oder ein Feind bei Ihrem Streben nach Konzentration, Produktivität und Beständigkeit. Und meistens arbeitet sie gegen Sie.

Wenn Menschen mit Disziplin zu kämpfen haben, gehen sie davon aus, dass das Problem intern ist. Sie glauben, sie bräuchten mehr Willenskraft, eine stärkere Motivation oder eine bessere Denkweise. Doch in Wirklichkeit prägt ihr Umfeld ihre Gewohnheiten weit mehr, als ihnen bewusst ist.

Ein unübersichtlicher Raum erhöht die geistige Reibung. Ständige digitale Unterbrechungen stören die Konzentration. Die Menschen, mit denen Sie sich umgeben, fördern entweder die Disziplin oder die Ablenkung.

Wenn Sie sich schon einmal an die Arbeit gesetzt haben, um sich von der Unordnung um Sie herum überwältigt zu fühlen, aus Gewohnheit zum Telefon gegriffen haben oder sich von der Negativität eines anderen Menschen aus der Bahn werfen ließen, haben Sie erfahren, wie stark die äußere Welt das innere Verhalten beeinflusst.

Bei Disziplin geht es nicht nur um persönliche Gewohnheiten, sondern auch um die Gestaltung der Umgebung. Je mehr Ihr Umfeld die produktiven Gewohnheiten fördert, die Sie vorantreiben, desto weniger Mühe brauchen Sie, um auf Kurs zu bleiben.

Wenn Ihr Raum gegen Sie arbeitet

Eine unordentliche Umgebung ist mehr als nur ein ästhetisches Problem. Studien zeigen, dass unordentliche Räume den Stress erhöhen, die Konzentration vermindern und es schwieriger machen, Aufgaben zu erledigen.

Wenn Ihre Umgebung chaotisch ist, fällt es Ihrem Gehirn schwer, Prioritäten zu setzen. Jedes Objekt in Ihrem Blickfeld konkurriert um Ihre Aufmerksamkeit, was zu unbewusster geistiger Ermüdung führt.

Je mehr Ablenkungen Ihr Gehirn herausfiltern muss, desto schwieriger ist es, sich auf die Arbeit zu konzentrieren, die vor Ihnen liegt.

Eine an der Princeton University durchgeführte Studie ergab, dass Unordnung am Arbeitsplatz die Konzentrationsfähigkeit des Gehirns einschränkt und die Verarbeitungskapazität begrenzt. Je unordentlicher die Umgebung ist, desto mehr Mühe muss sich das Gehirn geben, um bei der Sache zu bleiben.

Das erklärt, warum selbst die einfachsten Aufgaben überwältigend wirken, wenn man sich an einen unordentlichen Schreibtisch setzt. Es geht nicht nur darum, unordentlich zu sein - es geht darum, wie Ihr Gehirn auf dieses Chaos reagiert.

Anstatt von heute auf morgen den perfekten Minimalismus anzustreben, fangen Sie mit etwas Kleinem an. Bevor Sie mit einer Aufgabe beginnen, räumen Sie nur einen Zentimeter Ihres Arbeitsbereichs frei. Verschieben Sie ein Buch, einen Kaffeebecher oder einen Stapel Papiere. Wischen Sie einen kleinen Teil Ihres Schreibtischs ab. Schieben Sie alles beiseite, was sich in Ihrem unmittelbaren Blickfeld befindet.

Diese winzige Handlung bewirkt einen visuellen Reset und signalisiert Ihrem Gehirn, dass sich der Fokus verlagert. Oft führt diese kleine Handlung zu einem Dominoeffekt - sobald Sie damit anfangen, werden Sie ganz natürlich noch mehr aufräumen. Und mit einem aufgeräumten Raum kommt auch ein klarerer Geist.

Zu Beginn seiner Karriere kämpfte der berühmte Koch Thomas Keller mit der Unordnung in der Küche. Sein Arbeitsplatz war oft unübersichtlich, und am Ende seiner Schicht war das Chaos überwältigend. Es verlangsamte ihn, machte die Aufgaben chaotischer und ließ ihn geistig erschöpft zurück. Sein Mentor, Roland Henin, machte ihn mit einer einfachen, aber wirkungsvollen Regel vertraut: "Clean as you go."

Bevor er eine weitere Zutat hackte, wischte er sein Brett ab. Bevor er zu einer neuen Aufgabe überging, räumte er alles wieder an seinen Platz. Das Ergebnis war sofort sichtbar. Er war nicht nur schneller und effizienter, sondern stellte auch fest, dass er am Ende seiner Schicht geistig weniger erschöpft war. Das Prinzip war so wirkungsvoll, dass Keller es in seinen eigenen Restaurants zu einer Kernphilosophie machte. Die Lektion gilt nicht nur für die Küche. Wenn Ihr Raum organisiert ist, folgt auch Ihr Geist.

Der unsichtbare Dieb der Zeit

Wenn Unordnung der physische Feind der Disziplin ist, dann ist Ihr Telefon das digitale Gegenstück dazu.

Die moderne Welt ist auf Unterbrechungen ausgelegt. Jedes Klingeln, jeder Alarm und jede Vibration erfordert Aufmerksamkeit, unterbricht die Konzentration und beeinträchtigt die Produktivität. Der durchschnittliche Mensch schaut 150 Mal am Tag auf sein Handy, oft ohne es zu merken. **150 Mal!**

Diese Ablenkungen rauben nicht nur Zeit, sondern beeinträchtigen auch die Konzentration. Untersuchungen der Universität von Kalifornien, Irvine, haben ergeben, dass Arbeitnehmer, die unterbrochen werden, durchschnittlich 23 Minuten und 15 Sekunden brauchen, um sich wieder auf ihre Arbeit zu konzentrieren. Multipliziert man dies auf einen ganzen Tag, sind die Kosten beträchtlich.

Das Problem sind nicht nur die externen Benachrichtigungen, sondern auch die Gewohnheit, die sie hervorrufen. Selbst wenn kein Alarm ausgelöst wird, schauen viele Menschen reflexartig auf ihr Telefon, die sozialen Medien oder den Posteingang, konditioniert durch jahrelange Ablenkungsschleifen.

Der effektivste Weg, um digitale Ablenkungen zu bekämpfen, ist die Schaffung einer stillen Blase - ein geschützter Raum, in dem externe Unterbrechungen Sie nicht erreichen können. Schalten Sie Benachrichtigungen vollständig aus. Keine Banner, keine Töne, keine roten Sprechblasen. Legen Sie "Konzentrationszeiten" fest, in denen Sie Ihr Telefon in einen anderen Raum stellen. Aus den Augen, aus der Reichweite. Verwenden Sie App-Blocker, um das gedankenlose Scrollen zu verhindern. Legen Sie Beschränkungen für soziale Medien und Unterhaltungs-Apps während der Arbeitszeiten fest.

Die wichtigste Veränderung ist jedoch eine innere. Jedes Mal, wenn Sie einem unnötigen Telefoncheck widerstehen, stärken Sie die Kontrolle über Ihre Aufmerksamkeit.

Im Jahr 2012 stellte der Risikokapitalgeber und Autor Tim Ferriss fest, dass seine Produktivität einen schweren Schlag erlitten hatte. Er fühlte sich zerstreut, überwältigt und unfähig, sich über längere Zeiträume zu konzentrieren. Nach einigem Nachdenken fand er heraus, dass das Problem auf sein Smartphone zurückzuführen war. E-Mails, Benachrichtigungen und Nachrichten zogen seine Aufmerksamkeit jeden Tag in Dutzende von Richtungen.

Seine Lösung war drastisch, aber effektiv. Er deaktivierte alle Telefonbenachrichtigungen, prüfte E-Mails nur noch zweimal am Tag und führte "telefonfreie Arbeitsblöcke" ein. Die Ergebnisse zeigten sich sofort. Seine Arbeitsfähigkeit nahm zu, sein Stresspegel sank, und er stellte fest, dass er für Arbeiten, für die er früher vier Stunden brauchte, jetzt nur noch zwei Stunden benötigte.

Ferriss' Experiment unterstreicht eine wesentliche Wahrheit: Unsere Geräte stehlen nicht nur Zeit, sie stehlen auch Präsenz. Je mehr Sie den Drang, Ihr Telefon zu überprüfen, kontrollieren, desto mehr gewinnen Sie die Kontrolle über Ihren Geist zurück.

Soziale Saboteure

Ablenkung ist ansteckend, aber Disziplin ist es auch!

Die Menschen, mit denen Sie sich umgeben, beeinflussen Ihre Gewohnheiten stärker, als Sie denken. Wenn Ihre Freunde, Familie oder Kollegen ständig zögern, sich beschweren oder sich ablenken lassen, werden diese Verhaltensweisen zur Normalität.

Dies ist als soziale Spiegelung bekannt - die unbewusste Tendenz, das Verhalten der Menschen um uns herum zu übernehmen. Genauso wie die Menschen den Akzent übernehmen, wenn sie in einem neuen Land leben, übernehmen sie auch die Gewohnheiten und die Denkweise ihrer Umgebung.

Wenn Sie immer wieder Zeit mit Menschen verbringen, die Wachstum, Disziplin und Selbstverbesserung zu ihren Prioritäten zählen, wird ihre Denkweise auf Sie abfärben. Wenn Sie Zeit mit Menschen verbringen, die sich entschuldigen, in Negativität schwelgen oder harte Arbeit vermeiden, werden diese Gewohnheiten auch in Ihr Verhalten eindringen.

Das bedeutet nicht, dass Sie jeden aus Ihrem Leben ausschließen, sondern dass Sie bewusst entscheiden, wen Sie in Ihr Leben lassen. Stellen Sie sich einen Raucher vor, der versucht, mit dem Rauchen aufzuhören, und 5 seiner besten Freunde, mit denen er jeden Tag stundenlang zusammen ist, sind alle Raucher. Wie groß ist die Wahrscheinlichkeit, dass er *wirklich* aufhört?

Nehmen Sie sich einen Moment Zeit, um die Menschen zu bewerten, mit denen Sie am meisten zu tun haben. Wer in Ihrem Leben ermutigt Ihre besten Gewohnheiten? Wer verstärkt ungewollt schlechte Gewohnheiten oder Ablenkungen? In wessen Nähe fühlen Sie sich angeregt und inspiriert? Bei wem fühlen Sie sich ausgelaugt und unmotiviert?

Sobald Sie diese Muster erkannt haben, sollten Sie kleine, aber sinnvolle Änderungen vornehmen. Verbringen Sie mehr Zeit mit den Menschen, die Sie in Ihren Zielen bestärken. Suchen Sie sich

Verantwortungspartner, Mentoren oder Gemeinschaften, die mit den Gewohnheiten übereinstimmen, die Sie aufbauen möchten. Verbringen Sie weniger Zeit mit Menschen, die Sie ablenken, negativ denken oder inkonsequent sind. Streichen Sie diese Menschen, wenn möglich. Es ist eine harte, aber allgemein verständliche Wahrheit. Wir werden zu denen, mit denen wir uns umgeben.

Als der Motivationsredner Jim Rohn mit seiner Arbeit begann, war er von Menschen umgeben, denen es an Ehrgeiz mangelte. Sie entschuldigten sich, vermieden harte Arbeit und lehnten die Idee der Selbstverbesserung ab. Dann traf er einen Mentor, der ihm ein zeitloses Prinzip vermittelte: **"Du bist der Durchschnitt der fünf Menschen, mit denen du die meiste Zeit verbringst."**

Da er diesen Rat ernst nahm, änderte er nach und nach seinen inneren Kreis. Er verbrachte mehr Zeit mit erfolgreichen, disziplinierten Menschen und trennte sich von denen, die ihn zurückhielten. Die Wirkung war tiefgreifend. Sein Leben änderte sich, seine Arbeitsmoral verbesserte sich, und sein Unternehmen nahm Fahrt auf.

Rohns Erfahrung erinnert uns daran, dass Disziplin nicht nur eine individuelle Anstrengung ist, sondern auch von den Menschen um uns herum geprägt wird.

Ihr Umfeld ist Ihr Fundament

Selbstdisziplin wird oft als ein innerer Kampf dargestellt, aber ein Großteil davon wird von äußeren Faktoren diktiert. Ein unordentlicher Raum schafft unnötigen Widerstand. Digitale Ablenkungen unterbrechen die Aufmerksamkeit. Soziale Einflüsse verstärken die Gewohnheiten, im Guten wie im Schlechten. Keine dieser Kräfte ist unveränderlich. Sie können alle umgestaltet werden.

Wenn Sie Ihr Umfeld ändern, ändern Sie auch Ihr Verhalten. Und wenn Disziplin zur Standardwahl wird und nicht mehr die schwierige Wahl ist, stellt sich der Erfolg mühelos ein.

Geistiger Unfug

Der Kampf um Disziplin findet nicht nur in Ihrer Umgebung statt, sondern auch in Ihrem Kopf. Selbst wenn Sie Ablenkungen beseitigen, einen produktiven Raum einrichten und sich mit den richtigen Leuten umgeben, gibt es immer noch ein großes Hindernis: Ihre eigenen Gedanken.

Ihr Geist kann Ihr größter Verbündeter oder Ihr schlimmster Feind sein. Er kann Sie vorantreiben oder zurückhalten. Und oft tut er das Letztere.

Die Art und Weise, wie Sie über Disziplin, Erfolg und Misserfolg denken, bestimmt, wie konsequent Sie sind. Der Perfektionist, der auf den "richtigen" Zeitpunkt wartet, fängt nie an. Der Selbstkritiker, der an seinen Fähigkeiten zweifelt, gibt zu früh auf. Die Person, die von Vergleichen zerfressen ist, verliert die Motivation, bevor sie anfängt.

Ihre Gedanken prägen Ihr Handeln. Wenn Sie sie nicht in den Griff bekommen, sabotieren sie Ihre Fortschritte, bevor Sie überhaupt angefangen haben.

Das Paradox der Vollkommenheit

Wenn Sie jemals etwas aufgeschoben haben, weil Sie noch nicht "bereit" waren - weil Sie mehr Zeit, bessere Fähigkeiten oder die richtigen Voraussetzungen brauchten -, dann sind Sie in die Perfektionsfalle getappt.

Perfektionismus tarnt sich als edler Charakterzug. Er gibt Ihnen das Gefühl, dass Sie hohe Ansprüche haben und sich nicht mit Mittelmäßigkeit zufrieden geben wollen. Aber in Wirklichkeit ist Perfektionismus nur gut gekleidete Prokrastination. Er hält Sie in einem Kreislauf des Überdenkens, Vermeidens und Aufschiebens.

Wenn es um Perfektionismus geht, spielt das Gehirn einen grausamen Trick. Es sagt Ihnen, dass Sie mehr Vorbereitung brauchen, bevor Sie anfangen. Aber die Wahrheit ist, dass **man nicht bereit ist, wenn man wartet - man wird bereit, wenn man handelt.**

Denken Sie an Leonardo da Vinci, einen der größten Künstler und Erfinder der Geschichte. Er hatte die Angewohnheit, Projekte hinauszuzögern, und war besessen davon, jedes Detail zu perfektionieren. Für sein berühmtestes Werk, die *Mona Lisa*, benötigte er vier Jahre, um es zu malen - und selbst dann betrachtete er es nie als wirklich fertig. Einige seiner anderen Projekte wurden überhaupt nie fertiggestellt. Während sein Genie unbestreitbar war, bremste sein Perfektionismus oft seinen Fortschritt.

Im Gegensatz dazu schuf Pablo Picasso in seinem Leben mehr als 50.000 Kunstwerke. Er verstand, dass die Schaffung unvollkommener Werke der Schlüssel zum Wachstum war. Anstatt sich auf ein einziges Projekt zu versteifen, konzentrierte er sich auf die Menge und vertraute darauf, dass sich die Meisterschaft durch Wiederholungen einstellen würde.

Die Lektion? **Geschafft ist besser als perfekt.** Obwohl beide auf ihre Weise Genies sind, werden die meisten von uns nie das angeborene Talent von Leonardo haben. Am besten wäre es, wenn wir so unermüdlich wären wie Picasso. Der beste Weg, sich zu verbessern, ist, anzufangen, bevor man sich bereit fühlt.

Der Trick mit dem unordentlichen Start

Wenn Sie mit Perfektionismus zu kämpfen haben, ist die Lösung einfach: Legen Sie die Messlatte niedriger.

Geben Sie sich zunächst die Erlaubnis, etwas zu schreiben*Schlechtes*. Schreiben Sie einen schrecklichen ersten Entwurf. Machen Sie eine grobe, unfertige Skizze. Beginnen Sie das Workout mit nur fünf Minuten Bewegung. Das Ziel ist Schwung, nicht Beherrschung.

Sobald Sie beginnen, sinkt der Widerstand Ihres Gehirns. Der Perfektionismus verliert seinen Einfluss. Und ehe Sie sich versehen, haben Sie den ersten Schritt zum Fortschritt getan.

Selbstgesprächs-Fallen

Die Art und Weise, wie Sie mit sich selbst sprechen, bestimmt, wie diszipliniert Sie werden.

Studien zeigen, dass 80 % der Gedanken selbstkritisch sind. Verrückt, oder? Ihre innere Stimme urteilt ständig, zweifelt und zweifelt an Ihnen. Sie sagt Ihnen, dass Sie nicht diszipliniert genug sind, nicht klug genug, nicht fähig genug. Mit der Zeit schaffen diese Selbstgespräche eine mentale Barriere, die Sie davon abhält, es überhaupt zu versuchen.

Athleten, Künstler und Leistungsträger wissen um die Macht des Selbstgesprächs. Muhammad Ali hat nicht nur seinen Körper trainiert, sondern auch seinen Geist. Er wiederholte ständig: "Ich bin der Größte", lange bevor er die Titel hatte, um dies zu beweisen. Seine Worte formten seine Realität.

Im Gegensatz dazu verstärken diejenigen, die sich sagen: "Ich bin schlecht darin" oder "Ich ziehe das nie durch", diese Identitäten. Das Gehirn hört auf das, was wir wiederholt sagen, und passt unser Verhalten entsprechend an.

Wenn Sie Disziplin aufbauen wollen, müssen Sie Ihren inneren Dialog verbessern.

Umkehrung negativer Selbstgespräche

Anstatt zu sagen:

- "Ich bin nicht diszipliniert." → Sagen Sie: "Ich lerne jeden Tag, diszipliniert zu sein."
- "Ich schiebe immer alles auf." → Sagen Sie: "Ich arbeite daran, früher zu handeln."
- "Ich beende nie, was ich anfange." → Sagen Sie: "Ich ziehe mehr durch als früher."

Der Schlüssel sind subtile Veränderungen. Ihr Gehirn wird eine radikale Lüge nicht glauben, aber es wird eine kleine, schrittweise Verbesserung akzeptieren. Ihre Worte werden zu Ihrer Identität. Wählen Sie sie sorgfältig aus.

Damals, als ich tief in meinen Süchten steckte, musste ich völlig meine negativen und entmündigenden Selbstgespräche . Ein Mantra, das ich Dutzende, wenn nicht Hunderte von Malen jeden Tag wiederholte, und zwar Hunderte von Tagen lang, war "Ich mache es JETZT". "Ich tue es JETZT" stachelte mich an, mehr zu tun, mehr zu schieben, ein bisschen länger zu widerstehen, ein bisschen länger durchzuhalten. "Ich tue es JETZT" hat bei mir deshalb so gut funktioniert, weil ich die Dinge so oft aufschiebe. Finden Sie Ihr eigenes Mantra! entwurzeln

Der Vergleich Betrug

Nichts tötet die Disziplin schneller als der Vergleich der eigenen Fortschritte mit denen anderer.

Die sozialen Medien haben dies noch verschlimmert. Sie sehen Menschen, die große Meilensteine erreichen - Häuser kaufen, befördert werden, die Welt bereisen -, während Sie das Gefühl haben, auf der Stelle zu treten. Das Gehirn interpretiert dies als Beweis dafür, dass man ins Hintertreffen geraten ist.

Doch der Vergleich ist eine Illusion. Man sieht nur die Highlights, aber nicht den Kampf hinter den Kulissen. Man sieht nicht die langen Nächte, die Misserfolge, die Zweifel und die Opfer, die zu diesen Momenten des Erfolgs geführt haben.

Der Musiker Ed Sheeran erzählte einmal, dass er war, als er anfing, Songs zu schreiben *furchtbar* . Seine ersten Texte waren peinlich, seine Melodien waren unbeholfen. Aber er schrieb weiter und produzierte Hunderte von Songs, bis er besser wurde. Hätte er sich anfangs mit etablierteren Künstlern verglichen, hätte er vielleicht aufgegeben. Stattdessen konzentrierte er sich auf seinen eigenen Fortschritt.

Wie Sie sich auf Ihren eigenen Weg konzentrieren können

Wenn Sie sich dabei ertappen, dass Sie vergleichen, richten Sie Ihren Blick nach innen. Anstatt sich mit der Reise eines anderen zu messen, messen Sie sich mit Ihrem **früheren Selbst**.

- Sind Sie heute disziplinierter als im letzten Jahr?
- Setzen Sie sich konsequenter für sich selbst ein?
- Erzielen Sie kleine Verbesserungen, auch wenn diese noch nicht sichtbar sind?

Der einzige Weg, der zählt, ist Ihr eigener. Konzentrieren Sie sich auf ihn.

. . .

Schnelle Mikrogewinne

Disziplin entsteht nicht über Nacht, aber kleine Erfolge führen zu dauerhaften Veränderungen. Um alles anzuwenden, was Sie in diesem Kapitel gelernt haben, beginnen Sie mit diesen fünf Maßnahmen:

1. **Beseitigen Sie eine einzige umweltbedingte Ablenkung.** Entfernen Sie eine Sache von Ihrem Arbeitsplatz, die zu Unordnung oder geistiger Ermüdung beiträgt - räumen Sie Ihren Schreibtisch auf, schalten Sie Benachrichtigungen aus oder verlegen Sie Ihr Telefon während der Arbeit in einen anderen Raum.
2. **Zerlegen Sie ein großes Ziel in eine Mikro-Aktion.** Wenn Sie etwas aufgeschoben haben, reduzieren Sie es auf eine so kleine Aufgabe, dass es sich mühelos anfühlt, damit zu beginnen. Anstatt "ein Kapitel zu schreiben", verpflichten Sie sich, einen Satz zu schreiben. Statt "mit dem Training beginnen", verpflichten Sie sich zu einem Liegestütz.
3. **Ändern Sie einen selbstzerstörerischen Gedanken.** Ertappen Sie sich in einer negativen Gedankenschleife und ersetzen Sie sie durch einen Satz, der den Fortschritt verstärkt. Ändern Sie "Ich mache es morgen" in "Ich mache es JETZT".
4. **Machen Sie einen 24-stündigen digitalen Entzug.** Wenn Ihr Telefon oder die sozialen Medien Ihre Konzentration stören, schalten Sie die Versuchung für einen ganzen Tag aus. Beobachten Sie, wie sich das auf Ihre geistige Klarheit und Aufmerksamkeitsspanne auswirkt.
5. **Prüfen Sie Ihren Kreis.** Ermitteln Sie die Menschen in Ihrem Leben, die Ihre Disziplin beeinflussen. Wer treibt Sie voran? Wer zieht Sie zurück? Bemühen Sie sich bewusst

darum, mehr Zeit mit denjenigen zu verbringen, die Ihre besten Gewohnheiten unterstützen.

Jede dieser Maßnahmen dauert nur wenige Minuten, aber ihre Wirkung hält viel länger an.

Bei Disziplin geht es nicht darum, härter zu arbeiten - es geht darum, Reibungsverluste zu beseitigen, Ihre Denkweise umzuprogrammieren und sich für den Erfolg zu rüsten, bevor Sie überhaupt anfangen. Jetzt, da Sie die Kräfte kennen, die Ihren Fortschritt sabotieren, ist es an der Zeit, die Kontrolle zurückzugewinnen.

Kapitel 2

Die Denkweise der Mikromission

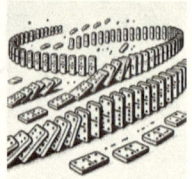

Ein einziger Liegestütz hat das Leben von Stephen Guise verändert.

Es war nicht Teil eines intensiven Trainingsplans. Es gab keinen Druck, keine Erwartung an eine Veränderung. Er sagte sich einfach, dass er einen Liegestütz machen würde. Das war alles. Am nächsten Tag machte er noch einen. Dann noch einen. Bald wurden aus einem Liegestütz fünf. Dann zehn. Dann zwanzig. Ein Jahr später hatte er eine Fitnessroutine, die sich so selbstverständlich anfühlte wie das Zähneputzen.

Was machte diesen Ansatz so wirkungsvoll? Er konzentrierte sich nie auf ein langfristiges Ziel. Er sagte sich nie, er müsse "in Form kommen" oder "Muskeln aufbauen". Er verpflichtete sich nur zu einer kleinen Maßnahme pro Tag.

Die meisten Menschen gehen Disziplin falsch an. Sie setzen sich große, überwältigende Ziele - 50 Pfund abnehmen, einen Roman schreiben, jeden Tag um 5 Uhr morgens aufstehen - und kämpfen dann, wenn die Motivation schwindet. Sie glauben, dass es bei der

Selbstdisziplin darum geht, sich durch Widerstände zu zwingen. Die Wahrheit ist jedoch, dass das Gehirn sich gegen alles wehrt, was sich zu groß, zu schwierig oder zu unsicher anfühlt.

Der Schlüssel zu dauerhafter Disziplin ist nicht Willenskraft. Es ist Schwung. Und Schwung fängt klein an.

Beim Micro-Mission Mindset geht es darum, Ihre Ziele zu verkleinern, bis sie zu klein sind, um zu scheitern. Anstatt sich auf große Ergebnisse zu konzentrieren, konzentrieren Sie sich auf kleine, konsequente Aktionen. Anstatt auf Motivation zu warten, schaffen Sie ein System, das Sie vorwärts bringt, egal wie klein die Schritte sind.

Winzige Veränderungen führen zu großen Umwälzungen.

Die Macht des Winzigen

Der größte Feind der Disziplin ist der **Widerstand**. Wenn eine Aufgabe als zu groß empfunden wird, löst das Gehirn Stress aus, was zu Prokrastination führt. Der Trick, um dies zu umgehen? Mikroaufgaben.

In der Verhaltenswissenschaft nennt man dies das **Prinzip der "geringen Reibung"**: Wenn sich etwas mühelos anfühlt, ist die Wahrscheinlichkeit größer, dass Sie es tun. Sobald Sie etwas tun, und sei es auch nur ein winziger Schritt, kommt Schwung in die Sache.

Als der Autor James Clear die Entstehung von Gewohnheiten untersuchte, stellte er fest, dass eine Gewohnheit anfangs so einfach wie möglich sein muss - weniger als zwei Minuten -, um nachhaltig zu werden. Er nannte dies die Zwei-Minuten-Regel: Wenn Sie eine Gewohnheit aufbauen wollen, machen Sie den ersten Schritt lächerlich einfach. Wollen Sie anfangen, mehr zu lesen? Lesen Sie einen Satz. Möchten Sie täglich meditieren? Setzen Sie sich für zehn

Sekunden hin. Wollen Sie einen Marathon laufen? Ziehen Sie Ihre Laufschuhe an.

Je einfacher die Handlung ist, desto leichter ist es, damit zu beginnen. Und wenn man einmal angefangen hat, will das Gehirn natürlich weitermachen.

Der britische Radsporttrainer Dave Brailsford nutzte dieses Prinzip, um das britische Radsportteam zu verändern. Anstatt alles auf einmal zu überarbeiten, suchte er nach kleinen, **1 %igen Verbesserungen**, indem er die Sitzposition anpasste, die Ernährung optimierte und die Schlafqualität verbesserte. Jede einzelne Verbesserung war unbedeutend, aber in der Summe führten sie zu einer enormen Leistungssteigerung. Innerhalb von fünf Jahren dominierten die britischen Radsportler die Olympischen Spiele.

Kleine Erfolge, konsequent wiederholt, führen zu exponentiellen Ergebnissen.

Wenn Sie mit Disziplin zu kämpfen haben, denken Sie nicht an das Endziel. Denken Sie an die nächstkleinere Maßnahme, die Sie ergreifen können. Schreiben Sie einen Satz. Machen Sie einen Liegestütz. Sparen Sie einen Dollar. Ein einziger Schritt ist alles, was Sie brauchen, um in Schwung zu kommen.

Der Verbundeffekt

Eine Verbesserung von 1 % scheint nicht viel zu sein. Sie ist kaum spürbar. Aber mit der Zeit summieren sich kleine Verbesserungen zu lebensverändernden Ergebnissen.

Stellen Sie sich vor, Sie verbessern sich jeden Tag um nur 1 %. Zunächst scheint das nicht viel zu sein. Aber dank der Macht der Zinseszinsen werden Sie nach einem Jahr nicht nur ein bisschen besser sein. Sie werden 37 Mal besser sein als zu Beginn.

Das Problem ist, dass die meisten Menschen sofortige Ergebnisse wollen. Sie erwarten massive Fortschritte innerhalb weniger Tage, und wenn sie diese nicht sehen, geben sie auf. Aber echter Erfolg folgt einer Exponentialkurve - langsam, langsam, langsam... und dann plötzlich riesig.

Die meisten Menschen geben auf, kurz bevor sie den Durchbruch schaffen. Sie pflanzen den Samen, bleiben aber nicht lange genug dabei, um ihn wachsen zu sehen.

Warren Buffett, einer der reichsten Männer der Welt, wurde nicht über Nacht zum Milliardär. Er begann im Alter von 11 Jahren zu investieren. Jahrzehntelang wuchs sein Nettovermögen langsam. Im Alter von 52 Jahren war er 376 Millionen Dollar wert - beeindruckend, aber noch lange nicht legendär.

Dann kam der Zinseszins zum Tragen. Mit 60 war er 3,8 Milliarden Dollar wert. Mit 70 waren es 36 Milliarden Dollar. Heute ist er über 100 Milliarden Dollar wert. Der Großteil seines Vermögens kam nach seinem 60. Lebensjahr zustande - nicht, weil er drastische Veränderungen vornahm, sondern weil er die Magie des Zinseszinseffekts im Laufe der Zeit wirken ließ.

Beständigkeit ist besser als Intensität. Eine Verbesserung um 1 % sieht heute nicht nach viel aus, aber mit der Zeit ändert sich alles.

Warum große Ziele dazu führen, dass man aufgibt

Das Gehirn wehrt sich gegen große, vage Ziele. "In Form kommen", "produktiver werden" oder "ein Unternehmen gründen" klingen in der Theorie großartig, aber in der Praxis überfordern sie das Gehirn.

Der Neurowissenschaftler Dr. BJ Fogg entdeckte, dass Menschen eher bereit sind, eine Gewohnheit beizubehalten, wenn sie klein anfangen - so klein, dass der Widerstand verschwindet. Er nannte dies "Tiny Habits".

Als einer seiner Schüler mit der täglichen Verwendung von Zahnseide beginnen wollte, riet ihm Fogg, nur einen Zahn mit Zahnseide zu reinigen. Das war's. Kein Druck, mehr zu tun. Innerhalb weniger Wochen wurde die Gewohnheit zur Selbstverständlichkeit.

Die gleiche Strategie funktioniert für jedes Ziel. Wenn sich etwas überwältigend anfühlt, verkleinern Sie es, bis es sich mühelos anfühlt.

Ein Universitätsstudent, der mit Aufgaben zu kämpfen hatte, fühlte sich immer überfordert, wenn er anfangen sollte. Es drohten Fristen, aber die Aufgaben erschienen ihm zu groß. Dann änderte er seine Herangehensweise. Anstatt zu denken: *"Ich muss diesen ganzen Aufsatz fertig schreiben"*, setzte er sich eine Mikro-Mission: *Ich werde einen Satz schreiben.*

Der Widerstand verschwand. Einen Satz zu schreiben war einfach. Sobald er den ersten Satz geschrieben hatte, kam der nächste wie von selbst. Ehe er sich versah, war er mitten in der Arbeit.

Diese Methode, die so genannte **Ein-Bissen-Regel**, funktioniert für alles.

- Putzen Sie nicht das ganze Haus, sondern waschen Sie nur ein Geschirr.
- Lesen Sie nicht ein ganzes Buch, sondern nur einen Absatz.
- Laufen Sie nicht eine Meile, sondern joggen Sie nur zehn Sekunden.

Indem Sie die Aufgabe verkleinern, beseitigen Sie die mentalen Hindernisse, die Sie davon abhalten, aktiv zu werden.

Kleine Schritte, große Sprünge

Bei der Disziplin geht es nicht darum, sich zu zwingen, härter zu arbeiten. Es geht darum, dass sich das Handeln mühelos anfühlt.

Das Geheimnis der Beständigkeit ist nicht die Motivation. Es geht darum, den Widerstand zu verringern, damit sich das Handeln leicht anfühlt.

Wenn Sie in der Vergangenheit Probleme mit der Disziplin hatten, liegt das nicht daran, dass Sie schwach oder faul sind. Sondern weil das Ziel zu hoch gesteckt war. Der Trick ist, so klein anzufangen, dass ein Scheitern unmöglich wird.

Ein Satz. Ein Liegestütz. Eine Aktion nach der anderen.

Erfolg entsteht nicht an einem Tag, aber er entsteht täglich. Und er beginnt immer mit etwas Kleinem.

Ehrgeiz neu definieren

Die meisten Menschen glauben, dass Erfolg große Anstrengungen, extreme Disziplin und unbändige Willenskraft erfordert. Sie setzen sich ehrgeizige Ziele - einen Marathon laufen, ein Buch schreiben, ein florierendes Unternehmen aufbauen - und kämpfen dann unter der Last ihrer eigenen Erwartungen.

Das Problem ist nicht ihr Ehrgeiz. Es ist die Größe ihres Ausgangspunktes.

Große Ziele erzeugen große Widerstände. Sie lösen Ängste, Zögern und Überlegungen aus. Das Gehirn sieht einen Berg und erstarrt, weil es nicht weiß, wo es anfangen soll.

Was aber, wenn es bei Ehrgeiz nicht darum geht, sich größere Ziele zu setzen? Was ist, wenn es darum geht, sich zu setzen *kleinere Ziele* - so klein, dass der Erfolg unausweichlich wird?

Das ist das Paradoxon von Spitzenleistungen: Die Menschen, die am meisten erreichen, beginnen nicht mit großen Sprüngen. Sie beginnen mit kleinen Schritten, die sich mit der Zeit summieren.

Die Schrumpfungsstrategie

Tim Ferriss, der Bestsellerautor von *The 4-Hour Workweek*, verriet einmal sein Geheimnis für das Schreiben von Büchern: Er nimmt sich nie vor, ein Buch zu schreiben. Stattdessen schreibt er *zwei Seiten pro Tag*.

Das war's. Kein Druck, ein Meisterwerk zu schaffen. Kein überwältigendes Ziel, 300 Seiten zu schreiben. Nur zwei unvollkommene Seiten, jeden einzelnen Tag.

Indem er das Ziel verkleinert, beseitigt er den Widerstand. Zwei Seiten fühlen sich leicht an, fast zu leicht. Aber diese Seiten summieren sich. Nach 150 Tagen hat er ein 300-seitiges Manuskript.

Dieser Ansatz funktioniert für alles.

Brandon Sanderson, ein produktiver Fantasy-Autor, arbeitet nach einer ähnlichen Methode. Anstatt sich unter Druck zu setzen, ganze Kapitel zu schreiben, setzt er sich ein Tagesziel von nur 50 Wörtern - nicht 500, nicht 1.000. Nur 50.

An den meisten Tagen schreibt er weit mehr. Aber selbst an den schwierigsten Tagen erreicht er sein Ziel. Innerhalb eines Jahres ist sein Buch fertig.

Wenn Sie Ihre Ziele auf ein Zehntel ihrer Größe reduzieren, geschehen zwei Dinge:

1. Die Aufgabe fühlt sich zu klein an, um ihr zu widerstehen.
2. Konsistenz wird automatisch.

Kleine, beständige Fortschritte sind weitaus wirkungsvoller als Motivationsschübe. Wenn ein Ziel einschüchternd wirkt, verkleinern Sie es. Anstelle von:

- "Ich muss ein Buch schreiben" → 50 Wörter pro Tag schreiben
- "Ich muss mich täglich bewegen" → Einen Liegestütz machen
- "Ich muss ein Nebengeschäft eröffnen" → Fünf Minuten lang arbeiten

Weniger ist mehr bei der Selbstdisziplinierung. Und klein ist immer besser als stockend.

Der Erfolgsschneeball

Erfolg macht süchtig.

Jedes Mal, wenn Sie eine Aufgabe - und sei es nur eine kleine - erledigen, setzt Ihr Gehirn Dopamin frei, den Neurochemikalie der Motivation. Dadurch entsteht eine starke Rückkopplungsschleife: **Der Fortschritt fühlt sich gut an, also wollen Sie weitermachen.**

Das ist der Grund, warum Menschen süchtig nach Videospielen werden. Spiele sind so konzipiert, dass sie ständig kleine Siege bringen: aufsteigen, Belohnungen freischalten, zum nächsten Meilenstein gelangen. Das Gehirn sehnt sich nach diesen Erfolgen.

Sie können diese Psychologie zu Ihrem Vorteil nutzen, indem Sie ein erstellen *Erfolgsprotokoll - eine* einfache Möglichkeit, jeden kleinen Erfolg festzuhalten.

Jordan Syatt, Fitnesstrainer und ehemaliger Kraftdreikampf-Champion, trainierte einmal eine Kundin namens Emily, die jahrelang mit einer Gewichtsabnahme zu kämpfen hatte. Jede Diät, die sie ausprobierte, fühlte sich überwältigend an. Jeder Trainingsplan schien nicht nachhaltig zu sein.

Also änderten sie ihren Ansatz.

Anstatt sich den Kopf darüber zu zerbrechen, wie sie 100 Pfund verlieren konnte, verfolgte Emily kleine Erfolge: ein Glas Wasser mehr trinken, fünf Minuten spazieren gehen, eine gesunde Mahlzeit essen. Jeder kleine Erfolg stärkte ihr Selbstvertrauen. Jeder Erfolg stärkte ihre Identität als disziplinierte Person. Mit der Zeit wurde ihr Schwung immer größer. Und schließlich nahm sie ab - nicht, weil sie sich zwang, "perfekt" zu sein, sondern weil sie ein System aufbaute, in dem Erfolge unvermeidlich waren.

Die gleiche Strategie gilt für jedes Ziel.

Bevor Ed Sheeran zu einem der meistverkauften Musiker der Welt wurde, war er ein unbekannter Teenager in Großbritannien, der versuchte, sein Songwriting zu verbessern. Anfangs waren seine Texte grob, seine Melodien ungeschliffen. Anstatt zu warten, bis er sich "bereit" fühlte, konzentrierte er sich auf ein Ziel: einen Song pro Tag zu schreiben.

Die meisten von ihnen waren schrecklich. Aber er machte weiter. Mit der Zeit wurde sein Songwriting besser. Sein Selbstvertrauen wuchs. Er spielte kleine Auftritte, dann größere. Er nahm Musik auf, baute sich ein Publikum auf, und schließlich nahm seine Karriere Fahrt auf.

Er hat nicht auf Motivation gewartet. Er hat sich nicht vorgenommen, über Nacht einen Hit zu schreiben. Er verfolgte einfach seine kleinen Erfolge und ließ sie auf sich wirken.

Wenn Sie wollen, dass sich Disziplin mühelos anfühlt, verfolgen Sie Ihre Erfolge. Jeder kleine Erfolg stärkt die Überzeugung, dass Sie

Fortschritte machen, und nichts fördert die Beständigkeit so sehr wie sichtbare Erfolge.

Der Überwältigungsschutzschild

Einer der größten Fehler, den Menschen bei ihrem Streben nach Selbstdisziplin machen, ist der Versuch, zu viel auf einmal zu tun.

Multitasking, überfrachtete Aufgabenlisten und unrealistische Erwartungen erzeugen Stress und keinen Fortschritt.

Die Wissenschaft ist eindeutig: Multitasking verringert die Effizienz, erhöht die Fehlerquote und erschöpft das Gehirn. Forscher der Stanford University fanden heraus, dass Menschen, die Multitasking betreiben**, 40 % weniger produktiv** sind als diejenigen, die sich jeweils auf eine Aufgabe konzentrieren.

Anstatt zu versuchen, alles auf einmal zu erledigen, konzentrieren sich Leistungsträger auf *eine einzige Aufgabe*. Sie versuchen nicht, zehn Dinge auf einmal zu erledigen. Sie konzentrieren sich auf eine klare, spezifische Aufgabe und schenken ihr ihre volle Aufmerksamkeit.

Die meisten Menschen versuchen, alles unter einen Hut zu bringen, und das Ergebnis ist, dass sie nichts erreichen. Das Geheimnis für nachhaltigen Erfolg ist unerbittliche Konzentration.

Wenn Sie ein Burnout vermeiden wollen, sollten Sie die übernehmen*Denkweise der Mikro-Mission* :

- Anstatt zu sagen: "Ich muss produktiver sein", sollten Sie sich darauf konzentrieren, heute eine wichtige Aufgabe zu erledigen.
- Anstatt zu sagen: "Ich muss in Form kommen", konzentrieren Sie sich darauf, diese Woche ein Training zu absolvieren.

- Anstatt zu sagen: "Ich muss mein Leben ändern", sollten Sie sich darauf konzentrieren, eine kleine Gewohnheit nach der anderen zu ändern.

Ein klarer, zielgerichteter Auftrag nach dem anderen. Das ist der Schlüssel zum langfristigen Erfolg.

Klein ist nachhaltig, und nachhaltig ist unaufhaltsam

Die meisten Menschen überschätzen, was sie an einem Tag erreichen können, und unterschätzen, was sie in einem Jahr erreichen können. Sie setzen sich zu große Ziele, versuchen, zu viel auf einmal zu tun, und sind ausgebrannt, bevor sie echte Fortschritte machen.

Das Micro-Mission Mindset kehrt diese Gleichung um.

Indem Sie Ihre Ziele verkleinern, kleine Erfolge verfolgen und sich auf eine kleine Aufgabe nach der anderen konzentrieren, beseitigen Sie Widerstände, bauen eine Dynamik auf und machen den Erfolg unvermeidlich.

Sie brauchen nicht mehr Disziplin. Sie brauchen ein System, das Disziplin leicht macht. Fangen Sie klein an. Bleiben Sie konsequent. Lassen Sie die Ergebnisse für sich selbst sorgen.

Damit es bleibt

Anfangen ist eine Sache. Dranbleiben ist eine andere.

Die meisten Menschen tun sich nicht schwer damit, einmal etwas zu unternehmen - sie tun sich schwer damit, etwas zu unternehmen*konsequent* . Ein paar Tage lang, vielleicht sogar ein paar Wochen lang, bauen sie eine Dynamik auf, aber dann kommt ihnen das Leben in die Quere. Ein stressiger Tag wirft sie aus der Bahn. Die Motivation schwindet. Ehe sie es sich versehen, stehen sie wieder am Anfang und fragen sich, warum ihre Disziplin nicht anhält.

Das ist kein persönliches Versagen. Es ist ein Systemversagen.

Für die meisten bleiben Gewohnheiten nicht bestehen, weil sie zu viel schmerzhafte Anstrengung erfordern. Und alles, was schmerzhafte Anstrengungen erfordert, stößt irgendwann auf Widerstand. Aber wenn Gewohnheiten schmerzlos und mühelos werden - wenn sie automatisch werden - dann bleiben sie bestehen.

Das Geheimnis dauerhafter Disziplin besteht nicht darin, sich mehr Mühe zu geben. Es geht darum, **die Reibung zu beseitigen**, damit gute Gewohnheiten auf natürliche Weise und ohne Willenskraft entstehen.

Gewohnheitsverankerung

Eine der einfachsten Möglichkeiten, Gewohnheiten zu festigen, besteht darin, *sie mit etwas zu verknüpfen, das man bereits tut.*

Jeden Tag putzen Sie sich die Zähne, trinken Kaffee, schauen auf Ihr Handy, ziehen Ihre Schuhe an. Diese Handlungen laufen auf Autopilot, weil sie in bestehenden Routinen verankert sind. Indem Sie neue Gewohnheiten an diese festen Verhaltensweisen knüpfen, nutzen Sie einen etablierten Rhythmus und machen eine neue Gewohnheit zu einer mühelosen Erweiterung Ihres Tagesablaufs.

Diese Strategie, die als bezeichnet wird**Habit-Stacking** , wurde von dem Produktivitätsexperten BJ Fogg entwickelt. Er fand heraus, dass Menschen Gewohnheiten eher beibehalten, wenn sie sie mit etwas Vertrautem verbinden.

- Anstatt zu sagen: *"Ich dehne mich jeden Tag"*, sagen Sie:

"Nach dem Zähneputzen mache ich eine 30-sekündige Dehnung.
- Anstatt zu sagen: *"Ich fange an, ein Tagebuch zu schreiben"*, sagen Sie: *"Nachdem ich meinen Morgenkaffee getrunken habe, schreibe ich einen Satz"*.

Eine dreifache Mutter, der es schwer fiel, Zeit für sich selbst zu finden, nutzte diese Strategie, um mit der täglichen Meditation zu beginnen. Anstatt zu versuchen, eine separate Zeit für die Meditation zu reservieren, verband sie diese mit etwas Automatischem: dem *Warten auf die Mikrowelle.* Jedes Mal, wenn sie ihr Essen in der Mikrowelle aufwärmte - sei es zum Aufwärmen ihres Kaffees oder zum Zubereiten des Mittagessens für ihre Kinder - nutzte sie diese Zeit, um ihre Augen zu schließen und zu atmen.

Am Anfang waren es nur 30 Sekunden. Aber es wurde zu einem Ritual. Ein paar tiefe Atemzüge wurden zu einem achtsamen Moment. Dieser achtsame Moment wurde zu zwei Minuten. Bald wurde die Meditation Teil ihrer Routine, ohne dass sie sich besonders anstrengen musste.

Der einfachste Weg, Gewohnheiten zu festigen, ist, **sie mit etwas zu verbinden, das man bereits tut.** Wenn der Auslöser automatisch ist, folgt die Gewohnheit mühelos.

Die 2-Minuten-Regel

Die meisten Gewohnheiten scheitern, weil sie fühlen *zu viel* .

Ins Fitnessstudio zu gehen, ist zu viel. Ein Kapitel zu schreiben fühlt sich zu viel an. 20 Minuten meditieren fühlt sich zu viel an.

Das Gehirn wehrt sich gegen alles, was sich anfühlt *zu viel"* . Aber es hat kein Problem damit, etwas zu tun, das dauert *nur zwei Minuten* .

Die Denkweise der Mikromission 33

David Allen, der Autor von *Getting Things Done*, entdeckte, dass eine Aufgabe, die weniger als zwei Minuten dauert, *zu klein ist, um sie aufzuschieben.* Der Schlüssel liegt darin, mit einer Aufgabe zu beginnen, die so klein ist, dass der Widerstand verschwindet.

- Wenn Sie trainieren wollen, ziehen Sie einfach Ihre Trainingskleidung an.
- Wenn Sie mehr lesen wollen, lesen Sie einen Satz.
- Wenn du dein Zimmer aufräumen willst, falte ein Hemd.

Ein Software-Ingenieur, dem es schwerfiel, sich eine tägliche Programmiergewohnheit anzueignen, nutzte diese Methode, um seinen Widerstand zu brechen. Anstatt sich stundenlang in die Arbeit zu vertiefen, sagte er sich: "Ich werde nur eine Zeile Code schreiben".

Das war's.

Sobald er eine Zeile geschrieben hatte, war es einfacher, weiterzumachen. An den meisten Tagen wurde aus dieser einen Zeile 10 Minuten, dann 30, dann eine Stunde. Aber selbst an schlechten Tagen schrieb er *etwas*.

Das ist die Stärke der 2-Minuten-Regel. Der schwierigste Teil jeder Aufgabe ist der Anfang. Sobald Sie in Bewegung sind, nimmt die Dynamik überhand.

Warum Belohnungen dazu führen, dass Gewohnheiten bestehen bleiben

Die meisten Menschen konzentrieren sich auf den *Aufbau von* Gewohnheiten, vergessen aber, sie *.zu verstärken*

Das Gehirn freut sich über Belohnungen. Jedes Mal, wenn Sie etwas erreicht haben, schüttet Ihr Gehirn Dopamin aus - die

Neurochemikalie der Motivation. Ohne diese Belohnung verblassen Gewohnheiten. Aber wenn Gewohnheiten sich lohnend anfühlen, bleiben sie bestehen.

Durch das Feiern sagen Sie Ihrem Gehirn: *Diese Handlung ist es wert, wiederholt zu werden.*

Das Problem ist, dass die meisten Menschen nur große Erfolge belohnen. Sie warten, bis sie 10 Pfund abgenommen haben, bevor sie feiern. Sie warten, bis sie ein Buch beendet haben, bevor sie stolz sind.

Aber das Gehirn reagiert nicht auf verzögerte Belohnungen. Es reagiert auf **sofortige** Gewinne.

Eine Lehrerin, die ihre Unterrichtsplanung konsequenter gestalten wollte, hatte Mühe, diszipliniert zu bleiben. Am Ende des Tages fühlte sie sich immer ausgelaugt. Also wandte sie einen einfachen Trick an: Nach jeder 30-minütigen Planungssitzung spielte sie zur Belohnung ihren Lieblingssong.

Es war klein, aber es funktionierte. Ihr Gehirn begann, die Aufgabe mit etwas Angenehmem zu assoziieren. Die Planung fühlte sich nicht mehr wie eine lästige Pflicht an, sondern wie ein Gewinn.

Wenn Sie wollen, dass Ihre Gewohnheiten von Dauer sind, sollten Sie einen Feierkreis aufbauen:

- Nachdem Sie eine Gewohnheit abgeschlossen haben, tun Sie etwas, das Ihnen Spaß macht.
- Sagen Sie etwas Ermutigendes zu sich selbst. ("Gut gemacht!" wirkt Wunder.)
- Verfolgen Sie die Fortschritte. Fortschritte zu sehen, fördert die Motivation.

Eine Gewohnheit, die durch eine Belohnung verstärkt wird, ist eine Gewohnheit, die sich hält.

Schnelle Mikrogewinne

Wenn Sie die Lehren aus diesem Kapitel festigen wollen, können Sie jetzt sofort drei Maßnahmen ergreifen:

1. **Verankern Sie eine neue Gewohnheit in einer bestehenden Routine.** Denken Sie an etwas, das Sie bereits täglich tun - Zähneputzen, Kaffee trinken, Schuhe anziehen - und verbinden Sie es mit einer Mikrogewohnheit.
2. **Verwenden Sie die 2-Minuten-Regel, um Widerstände zu durchbrechen.** Egal, welche Gewohnheit Sie bisher vermieden haben, reduzieren Sie sie auf zwei Minuten oder weniger. Schreiben Sie einen Satz, machen Sie einen Liegestütz, reinigen Sie einen Zahn mit Zahnseide.
3. **Schaffen Sie ein sofortiges Belohnungssystem.** Wählen Sie einen einfachen, angenehmen Weg, um kleine Erfolge zu feiern - spielen Sie ein Lied nach einer Aufgabe, markieren Sie ein "X" in einem Kalender oder sagen Sie zu sich selbst "Gute Arbeit".

Kleine, konsequente Maßnahmen können zu lebenslangen Gewohnheiten werden. Bei der Disziplin geht es nicht darum, sich zu zwingen, härter zu arbeiten. Es geht darum, Ihr Leben so zu gestalten, dass sich gute Gewohnheiten von selbst einstellen.

Kapitel 3

Der mühelose Motor

Die meisten Menschen beginnen neue Gewohnheiten mit Begeisterung. Sie nehmen sich vor, früh aufzustehen, ins Fitnessstudio zu gehen, jeden Tag zu schreiben oder gesünder zu essen. Aber innerhalb von Wochen - oder sogar Tagen - verblasst die Gewohnheit. Die Motivation lässt nach, Hindernisse tauchen auf, und das Leben kommt einem in die Quere.

Studien zeigen, dass über 85 % der Menschen ihre Gewohnheiten innerhalb eines Monats aufgeben. Das Problem ist nicht die Anstrengung - es ist die Abhängigkeit von der Anstrengung.

Wenn Sie eine Gewohnheit jeden Tag mit großer Willenskraft aufrechterhalten müssen, wird sie nicht lange halten.

Das Geheimnis lebenslanger Disziplin besteht nicht darin, sich mehr Mühe zu geben. Es besteht darin, Disziplin zum Standard zu machen. Die beständigsten Menschen der Welt - Spitzensportler, erfolgreiche Unternehmer, Leistungsträger - verlassen sich nicht allein auf ihre Motivation. Sie entwickeln Systeme, die den Erfolg automatisch herbeiführen.

Sie wachen nicht jeden Morgen auf und überlegen, ob Sie sich die Zähne putzen sollen oder nicht. Sie tun es einfach. Es ist Teil Ihrer Routine, keine Entscheidung. Stellen Sie sich vor, alle Ihre guten Gewohnheiten würden genauso funktionieren.

In diesem Kapitel erfahren Sie, wie Sie einen mühelosen Motor aufbauen können, so dass Ihre besten Gewohnheiten ganz natürlich und ohne Nachdenken entstehen.

Der Vorteil der Automatisierung

Willenskraft ist unzuverlässig. An manchen Tagen fühlen Sie sich energiegeladen und motiviert. An anderen Tagen ist man erschöpft und versucht, aufzugeben. Wenn Ihre Disziplin davon abhängt, wie Sie sich fühlen, wird es immer schwierig sein, beständig zu sein.

Kapitän Chesley "Sully" Sullenberger, der Pilot hinter der wundersamen Landung auf dem Hudson River, verließ sich nicht auf seine Willenskraft, als sein Flugzeug beide Motoren verlor. Er verließ sich auf Systeme.

Sully hatte jahrzehntelang Notfallmaßnahmen geübt. Er musste nicht darüber nachdenken, was zu tun war - sein Training übernahm das. In etwas mehr als drei Minuten führten er und sein Co-Pilot eine fehlerfreie Notlandung durch und retteten 155 Menschen das Leben.

Wenn Gewohnheiten systematisiert werden, geschehen sie automatisch, ohne dass eine Motivation erforderlich ist.

Eine der einfachsten Möglichkeiten, automatische Gewohnheiten zu entwickeln, besteht darin, einen strukturierten Morgenablauf zu gestalten. Anstatt zu entscheiden, wann Sie trainieren wollen, sollten Sie jeden Tag zur gleichen Zeit trainieren. Anstatt zu überlegen, wann Sie ein Tagebuch schreiben, schreiben Sie gleich nach dem

Kaffeekochen. Anstatt zu überlegen, was Sie bei der Arbeit zuerst tun sollen, beginnen Sie mit einer festen Routine.

Ein Flugzeugpilot nutzte diese Strategie, um trotz seines unberechenbaren Reiseplans diszipliniert zu bleiben. Jeden Morgen, egal in welchem Land er sich befand, folgte er derselben fünfminütigen Morgensequenz:

1. Trinken Sie ein Glas Wasser.
2. Machen Sie 10 Liegestütze.
3. Überprüfen Sie seine täglichen Ziele.
4. Lies eine Seite eines Buches.
5. Er beginnt mit seiner Arbeit für den Tag.

Es war einfach. Und weil sie automatisch ablief, blieb er beständig, selbst in chaotischen Umgebungen und wechselnden Zeitzonen. Wenn Gewohnheiten Teil einer Routine sind, fühlen sie sich nicht mehr wie Arbeit an. Sie passieren einfach.

Der Konsistenzkodex

Selbstdisziplin hat nichts mit Stärke zu tun - es geht um Training.

So wie Muskeln durch wiederholtes Training wachsen, werden Gewohnheiten durch Wiederholung automatisch.

Die Forschung zeigt, dass es durchschnittlich 66 Tage dauert, bis eine Gewohnheit vollständig automatisiert ist. Der Schlüssel liegt darin, die Beständigkeit lange genug aufrechtzuerhalten, damit Ihr Gehirn sich neu verdrahten kann. Wohlgemerkt: Intensität und Häufigkeit spielen natürlich eine Rolle. Aber um es zu vereinfachen: 66 Tage sind ein guter Maßstab für die Entwicklung einer neuen Disziplin.

Als der Künstler Stephen Wiltshire ein Kind war, konnte er aufgrund von Autismus kaum sprechen. Aber er hatte ein außergewöhnliches Talent - er konnte alles zeichnen, was er sah, bis ins kleinste Detail. Er verfeinerte diese Fähigkeit durch tägliche Wiederholungen.

Jeden Tag zeichnete er Stadtansichten und verfeinerte seine Technik. Seine Disziplin war nicht erzwungen - sie wurde ihm zur zweiten Natur. Schließlich wurde er als "die menschliche Kamera" bekannt und konnte nach einmaligem Betrachten ganze Städte aus dem Gedächtnis skizzieren. Sein Talent war nicht nur natürlich, sondern wurde durch unerbittliche Konsequenz trainiert.

Auch wenn die meisten von uns nicht über die Talente von Stephen verfügen, können wir doch das gleiche Prinzip anwenden, das ihm Erfolg gebracht hat. Jeden Tag auftauchen, egal was passiert.

Eine weitere wichtige Säule der Konsistenz ist die Verfolgung der Fortschritte.

Ein Komiker fragte Jerry Seinfeld einmal um Rat, wie man ein besserer Schriftsteller wird. Seinfelds Antwort?

"Schreibe jeden Tag einen Witz und unterbreche die Kette nicht."

Er schlug vor, jeden Tag, an dem er einen Witz schrieb, ein "X" auf einem Kalender zu markieren. Je länger die Serie dauerte, desto schwieriger wurde es, einen Tag auszulassen. Diese Strategie funktioniert, weil das Gehirn es hasst, Muster zu unterbrechen. Sobald man eine Serie aufgebaut hat, fühlt man sich gezwungen, sie beizubehalten.

Wenn Sie wollen, dass eine Gewohnheit bestehen bleibt, verfolgen Sie sie visuell.

- Verwenden Sie eine App zur Aufzeichnung von Gewohnheiten, um tägliche Erfolge festzuhalten.

- Markieren Sie jeden Tag, an dem Sie Ihre Gewohnheit abgeschlossen haben, ein "X" in einem physischen Kalender.
- Stellen Sie sich selbst eine Herausforderung, z. B. "30 Tage laufen" oder "100 Tage schreiben".

Durch Wiederholung wird das Gehirn neu programmiert. Wenn Sie eine Serie von 66 Tagen aufrechterhalten können, wird Ihre Gewohnheit zur zweiten Natur.

Die Kraft eines mühelosen Systems

Die meisten Menschen geben ihre Disziplinen auf, weil sie versuchen, sie zu erzwingen, anstatt ein System zu entwerfen, das Disziplin leicht macht.

Wenn Disziplinen in Routinen eingebaut werden, wenn Entscheidungen auf ein Minimum reduziert werden und wenn Verhaltensweisen lange genug wiederholt werden, um automatisch zu werden, ist Selbstbeherrschung nicht länger ein Kampf, sondern ein Lebensstil. Nutzen Sie Ihre Kreativität, um die richtige zu treffen Entscheidung - die einfache Entscheidung.

Das Ziel ist nicht, sich auf Willenskraft zu verlassen. Das Ziel ist es, ein Umfeld zu schaffen, in dem diszipliniertes Handeln ganz natürlich abläuft. Gestalten Sie das System, und die Ergebnisse werden sich von selbst einstellen.

Reibungskämpfer

Ein großer Teil der Schaffung eines Umfelds, das Disziplin hervorbringt, besteht darin, Widerstände zu beseitigen. Je einfacher sich eine Handlung anfühlt, desto wahrscheinlicher ist es, dass man sie ausführt.

Viele Menschen gehen davon aus, dass sie mit der Beständigkeit kämpfen, weil es ihnen an Motivation mangelt, aber in den meisten Fällen haben sie mit Reibungen zu kämpfen - den kleinen Hindernissen, die das Beibehalten guter Gewohnheiten erschweren.

Wenn Ihre Trainingskleidung unter einem Haufen Wäsche vergraben ist, wird das Training zu einer zusätzlichen Aufgabe, bevor es überhaupt begonnen hat. Wenn Ihr Telefon neben Ihrem Bett liegt, wird das Scrollen durch die sozialen Medien leicht das Erste sein, was Sie morgens tun, selbst wenn Sie vorhaben, den Tag mit einer gesünderen Gewohnheit zu beginnen. Wenn Ihr Arbeitsplatz unübersichtlich ist, häufen sich die Ablenkungen, und die Konzentration wird zu einem schwierigen Unterfangen.

Beim Erfolg geht es oft weniger darum, sich gegen Widerstände durchzusetzen, sondern vielmehr darum, den Weg frei zu machen. Wenn die richtigen Entscheidungen am einfachsten zu treffen sind, ist Disziplin eine Selbstverständlichkeit.

Handeln leicht gemacht

Jede Gewohnheit hat ihre Anfangskosten. Wenn der Anfang zu viel Aufwand erfordert, folgt die Prokrastination. Der Schlüssel liegt darin, diese Kosten zu senken, damit sich der erste Schritt mühelos anfühlt.

Als der Science-Fiction-Autor Andy Weir schrieb*den Film Der Marsianer* , hatte er nicht vor, einen Roman zu schreiben. Er hatte nicht einmal die Absicht, ein Buch zu veröffentlichen. Stattdessen begann er einen kleinen Blog, in dem er kurze Kapitel für eine kleine Gruppe von Lesern veröffentlichte. Er stand nicht unter dem Druck, ein Meisterwerk zu schaffen, sondern machte es sich einfach zur Gewohnheit, regelmäßig kleine Beiträge zu schreiben und zu veröffentlichen.

Indem er den Prozess reibungslos ablaufen ließ, gewann er an Dynamik. Schließlich wurde aus diesen Kapiteln ein ganzer Roman. Das Buch wurde zu einem Bestseller und später in einem Hollywood-Film verfilmt.

Das gleiche Prinzip gilt für jede Gewohnheit. Je kleiner und einfacher der erste Schritt ist, desto wahrscheinlicher ist es, dass Sie ihn durchziehen. Wenn Sie trainieren wollen, legen Sie Ihre Sportkleidung am Vorabend bereit. Wenn Sie mehr Wasser trinken wollen, stellen Sie ein Glas auf Ihren Schreibtisch. Wenn Sie sich gesünder ernähren wollen, halten Sie vorgeschnittenes Obst und Gemüse aus dem Kühlschrank bereit.

Die Dynamik beginnt mit kleinen, wenig aufwändigen Aktionen. Indem Sie Hindernisse aus dem Weg räumen, nehmen Sie den schwierigsten Teil - den Anfang - aus der Gleichung heraus.

Gestalten Sie Ihr Umfeld diszipliniert

Wenn die Dinge in Ordnung sind, fließt die Produktivität von selbst. Wenn das nicht der Fall ist, fühlen sich selbst einfache Aufgaben überwältigend an.

Während seiner Studienzeit hatte der Psychologiestudent Daniel Simons Probleme, sich zu konzentrieren. In seiner Wohnung war es laut, sein Schreibtisch war vollgestopft, und Ablenkungen waren immer in Reichweite. Frustriert über seine mangelnden Fortschritte, nahm er eine Änderung vor - er schuf einen eigenen Raum für intensive Arbeit. Er räumte seinen Schreibtisch auf, entfernte alles, was nichts mit seinem Studium zu tun hatte, und stellte seinen Arbeitsplatz weg von seinem Bett und dem Fernseher.

Innerhalb weniger Tage bemerkte er eine Veränderung. Sein Geist assoziierte diesen Raum mit Konzentration, und Ablenkungen lenkten ihn nicht mehr so leicht ab. Das Studieren wurde immer automatischer.

Wenn Sie Ihre Gewohnheiten verbessern wollen, sollte Ihre Umgebung sie unterstützen. Halten Sie Ihren Arbeitsplatz sauber, weisen Sie bestimmte Bereiche für verschiedene Aufgaben zu, und sorgen Sie dafür, dass Ablenkungen schwerer zu erreichen sind. Je weniger Reibung zwischen Ihnen und der richtigen Handlung steht, desto einfacher wird die Disziplin.

Die Kontrolle über die Technologie zurückgewinnen

Die Technologie ist eine der größten Reibungsflächen für die Disziplin. Sie raubt Aufmerksamkeit, nimmt Zeit in Anspruch und hält die Menschen in endlosen Ablenkungsschleifen. Die meisten Menschen haben nicht mit Disziplin zu kämpfen, weil es ihnen an Motivation mangelt - sie haben damit zu kämpfen, dass ihr Telefon so konzipiert ist, dass es sie am Haken hält.

Eine Unternehmensberaterin namens Lisa hat jahrelang versucht, sich bei der Arbeit besser zu konzentrieren, aber sie musste immer wieder feststellen, dass sie durch Benachrichtigungen, E-Mails und soziale Medien Zeit verlor. Anstatt zu versuchen, sich auf Selbstkontrolle zu verlassen, änderte sie ihren Ansatz. Sie löschte alle unwichtigen Apps von ihrem Telefon, legte morgens "handyfreie" Arbeitszeiten fest und stellte ihr Gerät während der Arbeit in einen anderen Raum.

Das Ergebnis? Innerhalb weniger Wochen konnte sie sich wieder stundenlang konzentrieren. Der Drang, auf ihr Telefon zu schauen, ließ nach, und die Arbeit in der Tiefe wurde einfacher.

Für alle, die mit digitalen Ablenkungen zu kämpfen haben, können ein paar einfache Änderungen eine sofortige Wirkung haben. Das Ausschalten von Benachrichtigungen, die Verwendung von Website-

Blockern oder die Festlegung von handyfreien Zeiten können eine Umgebung schaffen, in der man sich auf natürliche Weise konzentrieren kann, anstatt sich wie ein Kampf zu fühlen.

Reibung beseitigen, um Disziplin mühelos zu machen

Die Menschen glauben oft, dass sie mehr Motivation brauchen, um diszipliniert zu sein, aber in Wirklichkeit brauchen sie weniger Widerstand. Durch die Beseitigung unnötiger Hindernisse, die Erleichterung des Beginns guter Gewohnheiten und die Kontrolle von Ablenkungen, bevor diese die Oberhand gewinnen, wird Disziplin zu einem natürlichen Teil des Lebens und nicht zu etwas, das ständig erzwungen werden muss.

Wenn die Reibung beseitigt ist, folgt die Beständigkeit. Und wenn Beständigkeit mühelos wird, fühlt sich Disziplin nicht mehr wie Arbeit an.

Der Flussauslöser

Spitzensportler - Sportler, Musiker, Schriftsteller und Unternehmer - beschreiben Momente, in denen sich die Zeit zu verlangsamen scheint, Ablenkungen verblassen und sich ihre Arbeit mühelos anfühlt. Dieser mentale Zustand wird als *Flow* bezeichnet.

Im Flow arbeitet das Gehirn auf höchstem Niveau. Der Psychologe Mihaly Csikszentmihalyi, der den Begriff geprägt hat, fand heraus, dass sich die Produktivität von Menschen, die sich in einem Flow-Zustand befinden, verdreifacht, ihre Kreativität in die Höhe schießt und ihr Gefühl der Anstrengung verschwindet.

Aber Flow entsteht nicht einfach zufällig. Er kann absichtlich ausgelöst werden.

Die gute Nachricht? Sie müssen kein Weltklasse-Performer sein, um ihn zu erleben. Mit den richtigen Gewohnheiten können Sie Flow in Ihre tägliche Routine einbauen.

Die Macht eines Auslösers vor der Arbeit

Flow stellt sich nicht auf Zuruf ein. Es braucht ein **Signal - eine** kleine, beständige Handlung, die Ihrem Gehirn signalisiert, dass es Zeit ist, sich zu konzentrieren.

Der weltberühmte Pianist Glenn Gould hatte vor seinen Auftritten ein ungewöhnliches Ritual: Er tauchte seine Arme in heißes Wasser. Dabei ging es nicht darum, seine Muskeln aufzuwärmen. Es war ein mentaler Hinweis, ein Signal an sein Gehirn, dass es an der Zeit war, in einen tiefen Zustand der Konzentration einzutreten.

Der österreichische Komponist Franz Joseph Haydn hatte sein eigenes Ritual. Bevor er komponierte, steckte er sich seinen Lieblingsring an den Finger und setzte sich dann ans Klavier. Das Tragen des Rings signalisierte ihm, dass es Zeit war, zu komponieren. Diese kleine, scheinbar triviale Handlung trainierte sein Gehirn, automatisch in den Arbeitsmodus zu wechseln.

Diese Methode ist nicht nur für Musiker geeignet. Jeder kann ein Ritual nutzen, um sein Gehirn in einen tiefen Fokus zu versetzen.

Ein Schriftsteller, der mit seiner Beständigkeit kämpfte, entwickelte ein Ritual, um seine Schreibsessions auszulösen. Jeden Morgen machte er sich eine Tasse Kaffee, atmete dreimal tief durch und setzte sich an seinen Schreibtisch. Zunächst fühlte es sich wie eine erzwungene Routine an, aber innerhalb weniger Wochen begann sein Gehirn, dies als Übergang zur Arbeit zu erkennen. Das Schreiben fiel ihm leichter - nicht, weil er disziplinierter war, sondern weil sein Gehirn lernte, den Akt des Kaffeekochens und des tiefen

Atmens mit dem Eintritt in einen konzentrierten Zustand zu verbinden.

Das richtige Ritual vor der Arbeit kann Ihre Fähigkeit, sich zu konzentrieren, verändern.

Es könnte so einfach sein wie:

- Vor dem Schreiben einen Tee trinken.
- Fünfmal tief durchatmen, bevor Sie Ihren Laptop aufklappen.
- Vor dem Lernen das gleiche Instrumentalstück spielen.

Was zählt, ist Beständigkeit. Das Gehirn lernt durch Wiederholungen. Wenn Sie jedes Mal, wenn Sie mit der Tiefenarbeit beginnen, dieselben Schritte befolgen, wird Ihr Gehirn beginnen, diese Hinweise mit Konzentration zu assoziieren.

Flow beginnt mit einem Signal. Finden Sie Ihres.

Warum die Verengung der Aufmerksamkeit müheloses Arbeiten ermöglicht

Ablenkung ist der größte Feind des Flusses. In einer Welt der Benachrichtigungen, E-Mails und ständigen Unterbrechungen die Fähigkeit, ist , eine seltene und mächtige Fähigkeit.*sich auf eine Sache zu konzentrieren*

Neurowissenschaftler haben herausgefunden, dass Multitasking ein Mythos ist. Das Gehirn kann nicht wirklich zwei Dinge gleichzeitig tun - es wechselt schnell zwischen den Aufgaben, was zu geistiger Ermüdung führt und die Effizienz verringert.

Dr. Atul Gawande, ein renommierter Chirurg und Schriftsteller, verfolgt vor jeder Operation ein strenges Fokussierungssystem. Er und sein Team verwenden eine strukturierte Checkliste, um unnötige Gedanken und Ablenkungen auszuschalten. Wenn er mit der Operation beginnt, ist seine Aufmerksamkeit auf einen Punkt gerichtet. Seine Welt schrumpft auf einen einzigen Fokuspunkt.

Dasselbe Prinzip gilt für jede tiefgehende Arbeit. Um in den Flow zu kommen, müssen Sie konkurrierende Inputs ausschalten und Ihre gesamte Aufmerksamkeit auf eine Aufgabe richten.

Eine einfache Möglichkeit, dies zu tun, ist die Anwendung der **Ein-Ding-Regel**:

1. Ermitteln Sie die wichtigste Einzelaufgabe, die Sie erledigen müssen.
2. Entfernen Sie alles andere aus dem Blickfeld - schließen Sie zusätzliche Browser-Registerkarten, schalten Sie Benachrichtigungen aus, räumen Sie Ihren Arbeitsbereich.
3. Stellen Sie einen Timer ein und verpflichten Sie sich, für eine bestimmte Zeit an dieser einen Sache zu arbeiten.

Die ersten paar Minuten mögen sich langsam anfühlen, aber sobald die Ablenkungen schwinden, konzentriert sich Ihr Geist. Innerhalb von 15-20 Minuten werden Sie spüren, wie sich Ihre Konzentration vertieft.

Je enger die Aufmerksamkeit, desto tiefer der Fluss.

Wie man die Arbeit beendet, ohne den Schwung zu verlieren

Viele Menschen sabotieren ihre Produktivität, ohne sich dessen bewusst zu sein - nicht dadurch, wie sie *die beginnen*Arbeit , sondern wie sie sie .*beenden*

Wenn Sie Ihre Arbeit abrupt beenden, hält Ihr Gehirn an unerledigten Aufgaben fest, was Ihren Geist unruhig macht. Wenn

Sie die Arbeit jedoch absichtlich beenden, schließen Sie den geistigen Kreislauf, sparen Energie und können am nächsten Tag leichter wieder anfangen.

Bill Gates, der für seine hohe Konzentration bekannt ist, folgt einem am Ende eines jeden Arbeitstages . Bevor er sein Büro verlässt, überprüft er, was er erreicht hat, schreibt seine wichtigsten Prioritäten für den nächsten Tag auf und schließt unerledigte Aufgaben im Geiste ab. Diese einfache Praxis ermöglicht es ihm, völlig abzuschalten, um ein Burnout zu verhindern und sicherzustellen, dass er am nächsten Tag mit Klarheit zurückkehrt.**Abschaltritual**

Ein Softwareentwickler namens Thomas, dem es schwerfiel, sich zu konzentrieren, stellte fest, dass die Einführung eines Rituals zum Arbeitsende seine Produktivität veränderte. Anstatt die Arbeit willkürlich zu beenden, folgt er nun einem kurzen **Skript zum Abschalten**:

1. Überprüfen Sie, was er abgeschlossen hat.
2. Nennen Sie die wichtigste Aufgabe für die nächste Sitzung.
3. Räumen Sie seinen Arbeitsplatz auf, um Ablenkungen zu vermeiden.

Indem er seine Arbeit absichtlich beendete, beseitigte er mentales Durcheinander, was es leichter machte, sich am nächsten Tag in die Arbeit zu vertiefen.

Die Art und Weise, wie Sie aussteigen, bestimmt, wie stark Ihre nächste Sitzung beginnt.

Schnelle Mikrogewinne

Wenn Sie Ihre Disziplin einfacher und automatischer gestalten wollen, finden Sie hier fünf Sofortmaßnahmen, die Sie ergreifen können:

1. **Entwickeln Sie eine einfache Morgenroutine.**
   Beginnen Sie Ihren Tag mit einer strukturierten Abfolge von Gewohnheiten - z. B. Wasser trinken, sich dehnen oder Ihre Ziele besprechen -, damit die Disziplin beginnt, bevor Ablenkungen die Oberhand gewinnen.
2. **Verringern Sie die Entscheidungsmüdigkeit.**
   Automatisieren Sie kleine Entscheidungen in Ihrem Alltag, wie z. B. die Planung von Mahlzeiten im Voraus, die Festlegung einer festen Anfangszeit für die Arbeit oder das Tragen des gleichen Outfits, damit Sie mehr Energie für wichtige Entscheidungen haben.
3. **Schaffen Sie ein Konzentrationsritual.** Wählen Sie eine kleine Handlung - z. B. Kaffee kochen, sich dehnen oder eine Kerze anzünden -, die Ihrem Gehirn signalisiert, dass es Zeit ist, in einen tiefen Arbeitsmodus zu wechseln. Beständigkeit ist der Schlüssel.
4. **Führen Sie ein Ritual für den Feierabend ein.**
   Beenden Sie jede Arbeitssitzung, indem Sie das Erreichte Revue passieren lassen und die oberste Priorität für den nächsten Tag festlegen. Das hilft Ihnen, den Kopf frei zu bekommen, Stress abzubauen und den nächsten Tag besser zu beginnen.

Disziplin muss nicht erzwungen werden. Wenn Sie Reibungsverluste beseitigen, Entscheidungen automatisieren und Routinen entwickeln, die es Ihnen ermöglichen, sich mühelos zu konzentrieren, ergibt sich Beständigkeit von selbst.

Kapitel 4

Das Kryptonit der Aufschieberitis

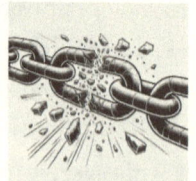

Fristen fühlen sich oft wie Ketten an - stressig, einschränkend und überwältigend. Viele Menschen betrachten sie als etwas, das man vermeiden, strecken oder fürchten muss. Aber was wäre, wenn Fristen nicht der Feind wären? Was wäre, wenn sie tatsächlich das Geheimnis für die Entfesselung des Handelns wären?

Die Wahrheit ist, dass die Prokrastination in einer offenen Zeit gedeiht. Wenn es keine Dringlichkeit gibt, entspannt sich das Gehirn. Es schiebt die Dinge vor sich her und redet sich ein, dass es immer ein *Morgen* gibt. Aber wenn eine Frist naht, werden die Dinge plötzlich erledigt.

Eine Forschungsstudie des MIT ergab, dass Studierende, denen über das Semester verteilt gleichmäßige Fristen gesetzt wurden, deutlich bessere Leistungen erbrachten als diejenigen, denen eine einzige große Frist am Ende gesetzt wurde. Der Grund? Der Zeitdruck zwingt zum Handeln.

Fristen können, wenn sie strategisch eingesetzt werden, zu einer Superkraft werden. Sie können Zögern in Schwung verwandeln und überwältigende Aufgaben in strukturierte Fortschritte umwandeln. Dieses Kapitel zeigt Ihnen, wie Sie sie nutzen können, damit Sie nicht vor dem Druck weglaufen, sondern ihn zu Ihrem Vorteil nutzen.

Umgekehrte Fristen

Die meisten Menschen gehen falsch an Fristen heran - sie sehen eine große Aufgabe, schätzen ab, wie lange sie dauern wird, und arbeiten auf die Frist *hin*. Aber diese Methode führt oft zu unterschätztem Aufwand, Panik in letzter Minute und übereilten Ergebnissen.

Eine bessere Strategie? arbeiten*Rückwärts*.

Die professionelle Veranstaltungsplanerin Melissa Torres hatte den Ruf, nie einen Termin zu verpassen, egal wie chaotisch das Projekt war. Ihr Geheimnis war einfach: Sie begann nie mit dem *heutigen Tag*. Stattdessen arbeitete sie vom letzten Moment an rückwärts und identifizierte jeden wichtigen Schritt auf dem Weg dorthin.

Sie fragte, ob für den 15. Oktober eine Veranstaltung geplant sei:

- Was muss unbedingt bis zum 14. Oktober erledigt sein?
- Was muss eine Woche vorher getan werden?
- Was sollte einen Monat vorher erledigt werden?

Indem sie die Kontrollpunkte darstellte*in umgekehrter Reihenfolge*, beseitigte sie die Unsicherheit, wo sie anfangen sollte. Sie zerlegte umfangreiche Aufgaben in kleinere, zeitkritische Teile.

Umgekehrte Fristen funktionieren, weil sie Klarheit erzwingen. Anstatt zu raten, wie lange eine Aufgabe dauern wird, bestimmen Sie genau, wann jeder Teil erledigt sein muss, um das Endziel mit Leichtigkeit zu erreichen.

Wenn Sie das nächste Mal vor einem schwierigen Projekt stehen, probieren Sie diese Methode aus:

1. Legen Sie den Endtermin fest, bis zu dem die Aufgabe abgeschlossen sein muss.
2. Arbeiten Sie rückwärts, um Meilensteintermine zu ermitteln.
3. Weisen Sie jedem Kontrollpunkt bestimmte Aktionen zu.

Auf diese Weise wird das Rätselraten beseitigt und die Hektik in letzter Minute vermieden.

Fristen fühlen sich nicht mehr wie Druck an - sie beginnen, zu arbeiten *für Sie*.

Warum sich die Arbeit ausdehnt, um die Zeit zu füllen, die Sie ihr geben

Das Parkinsonsche Gesetz besagt, dass sich die Arbeit ausdehnt, um die für ihre Erledigung zur Verfügung stehende Zeit auszufüllen. Wenn Sie sich eine Woche Zeit geben, um eine Aufgabe zu erledigen, wird es eine Woche dauern. Wenn Sie sich einen Tag Zeit nehmen, werden Sie plötzlich einen Weg finden, die Aufgabe in einem Tag zu erledigen.

Das ist der Grund, warum Studenten, die monatelang Zeit haben, eine Hausarbeit zu schreiben, oft 80 % der Arbeit in der Nacht vor der Abgabe fertigstellen, und warum Angestellte, die einen ganzen Nachmittag Zeit haben, einen einfachen Bericht fertigzustellen, irgendwie den ganzen Nachmittag brauchen.

Ein College-Senior namens Ben hat dies am eigenen Leib erfahren. Jedes Semester sagte er sich, dass er früh mit dem Lernen für die Abschlussprüfungen beginnen würde, doch jedes Mal ertappte er sich dabei, dass er in der Nacht vor der Prüfung paukte.

Aus Frustration über seinen Zyklus des Aufschiebens beschloss er, Dringlichkeit. Anstatt bis zur letzten Minute zu warten, verkürzte er sein Lernfenster künstlich. Er setzte sich Fristen zwei Wochen vor seinen eigentlichen Prüfungen und behandelte sie so, als wären es die echten Prüfungstermine.*herzustellen*

Das Ergebnis? Er arbeitete konzentrierter, vermied Stress und erbrachte bessere Leistungen als je zuvor.

Indem Sie die für eine Aufgabe zur Verfügung stehende Zeit verkürzen, zwingen Sie sich selbst zu effizientem Arbeiten.

Wenn Sie sich oft dabei ertappen, dass Sie Aufgaben länger als nötig hinauszögern, setzen Sie sich **künstliche Beschränkungen**:

- Wenn Sie normalerweise drei Stunden für einen Bericht benötigen, versuchen Sie, ihn in 90 Minuten zu erstellen.
- Wenn der Abgabetermin für eine Präsentation in zwei Wochen ist, legen Sie einen persönlichen Abgabetermin für diesen Freitag fest.

Ein strafferer Zeitplan verhindert die Prokrastination.

Prokrastination mit einem Timer bekämpfen

Eine der schwierigsten Aufgaben bei der Überwindung der Prokrastination ist es, einfach anzufangen. Je länger man zögert, desto schwieriger wird es.

Eine Romanautorin namens Laura Monroe kämpfte jahrelang mit einer Schreibblockade. Sie hatte Geschichten im Kopf, kam aber nie über die erste Seite hinaus. Jedes Mal, wenn sie sich zum Schreiben hinsetzte, schlichen sich Zweifel ein. Sie überdachte jeden Satz, strich Absätze und hatte am Ende nichts.

Der Durchbruch gelang ihr, als sie den Trick mit dem Fünf-Minuten-Countdown entdeckte. Anstatt sich unter Druck zu setzen, ein ganzes Kapitel zu schreiben, sagte sie sich, dass sie nur fünf Minuten schreiben müsse - egal wie schlecht es war.

Sie stellte einen Countdown-Timer ein, legte ihre Hände auf die Tastatur und begann. Zuerst schrieb sie kaum etwas. Aber als die fünf Minuten um waren, hatte sich etwas verändert - sie war in Bewegung. Die Angst vor dem Start war verschwunden.

Sie hörte nicht aufnach fünf Minuten . Sie machte weiter.

Dieser Trick funktioniert, weil er den Widerstand des Gehirns gegen den Start umgeht. Fünf Minuten sind *zu kurz*, um sich eingeschüchtert zu fühlen. Sobald die Bewegung beginnt, übernimmt die Dynamik die Führung.

Wenn Sie mit Aufschieberitis zu kämpfen haben, probieren Sie dies aus:

1. Stellen Sie einen fünfminütigen Countdown-Timer ein.
2. Arbeiten Sie an der Aufgabe, bis der Timer abgelaufen ist.
3. Wenn die Zeit abgelaufen ist, entscheiden Sie, ob Sie aufhören oder weitermachen wollen.

Die meiste Zeit werden Sie weitermachen. Der schwierigste Teil ist nicht die Arbeit, sondern der Anfang.

Die Aktion Antidot

Aufschieberitis gedeiht in der Stille. Je länger man wartet, desto schwieriger wird es, anzufangen. Das Gehirn baut die Aufgaben im Kopf auf und lässt sie größer erscheinen, als sie sind. Es zögert, sucht nach Ablenkungen und redet sich ein, dass der perfekte Zeitpunkt für den Beginn ist*später* . Aber später kommt nie.

Die Lösung? Fangen Sie an, bevor Sie sich bereit fühlen.

Das Handeln geht der Motivation voraus - nicht andersherum. In dem Moment, in dem Sie sich bewegen, lässt der Widerstand nach. Das Gehirn schaltet von Denken auf Handeln um. Der Schwung nimmt zu.

In diesem Abschnitt erfahren Sie, wie Sie Ihren Verstand überlisten, den Perfektionismus umgehen und die Physik zu Ihrem Vorteil nutzen können.

Die Kraft des kleinstmöglichen Anfangs

Der Anfang ist 80 % der Schlacht. Das Schwierigste am Sport ist nicht das Training, sondern das Anziehen der Laufschuhe. Das Schwierigste am Schreiben sind nicht die Worte, sondern das Öffnen des Dokuments.

David Goggins, ein ehemaliger Navy SEAL und Ultramarathon-Läufer, kennt diesen Kampf aus erster Hand. In seinen frühen Zwanzigern wog er fast 300 Pfund und steckte in einem Kreislauf der Selbstzweifel fest. Jedes Mal, wenn er versuchte, zu trainieren, fühlte er sich überfordert, weil er nicht wusste, wie weit er gehen sollte. Doch eines Tages nahm er sich vor, statt ein komplettes Training zu absolvieren, nur eine einzige Aufgabe zu erfüllen: seine Laufschuhe anzuziehen. Das war's.

Sobald er seine Schuhe anhatte, dachte er: *"Ich kann auch nach draußen gehen. Dann kann ich auch gleich ein bisschen joggen.* Ehe er sich versah, rannte er los.

Diese Methode funktioniert, weil sie den Widerstand umgeht. Das Gehirn wehrt sich nicht gegen kleine Schritte. Sie fühlen sich zu einfach an, um Widerstand zu leisten. Aber einmal in Bewegung, fühlt sich das Anhalten unnatürlich an.

Um dies anzuwenden:

- Wenn Sie sich vor dem Schreiben drücken, sagen Sie sich, dass Sie einen Satz schreiben sollen.
- Wenn Sie beim Putzen nicht weiterkommen, nehmen Sie sich vor, *einen* Gegenstand aufzuheben.
- Wenn Sie das Lernen hinauszögern, schlagen Sie einfach das Buch auf und lesen Sie einen einzigen Absatz.

Nun mögen Sie diese Maßnahmen als "so klein" und "repetitiv" empfinden. Das Wichtigste ist, dass sie funktionieren. Jetzt müssen Sie die Arbeit auch tun. Kleine Schritte beseitigen das Zögern. Und wenn man einmal angefangen hat, macht man fast immer weiter.

Bewegung statt Perfektion

Hässlich anzufangen ist besser, als gar nicht anzufangen. Perfektionismus ist eine der größten Waffen der Prokrastination. Er überzeugt Sie davon, dass es sich nicht lohnt, etwas zu beginnen, wenn es nicht perfekt ist. Das Ergebnis? Es wird nichts getan.

Der Bestsellerautor Neil Gaiman hat Dutzende von Romanen geschrieben, aber er gibt zu, dass seine ersten Entwürfe immer schrecklich sind. Er befolgt eine einfache Regel: *schlecht schreiben, aber trotzdem schreiben*. Der Grund dafür? Weil ein schlechter Entwurf korrigiert werden kann - eine leere Seite nicht.

Ed Sheeran hat seinen Songwriting-Prozess einmal mit einer Analogie aus der Klempnerei erklärt. Wenn man das erste Mal nach langer Zeit einen Wasserhahn aufdreht, kommt schmutziges Wasser heraus. Aber wenn man ihn laufen lässt, fließt schließlich sauberes Wasser. Seine Herangehensweise an das Songwriting ist dieselbe - er erlaubt sich, "schlechte" Songs zu schreiben, weil er weiß, dass irgendwann gute kommen werden.

Annie Duke, eine ehemalige Profipokerspielerin und Entscheidungsstrategin, nennt dies *das Ergebnis* - Menschen beurteilen Entscheidungen fälschlicherweise nach ihrem Ergebnis und nicht nach ihrem Prozess. Der Schlüssel ist nicht Perfektion, sondern kontinuierliches Handeln und Verfeinerung.

Die Lektion ist klar: Fang unordentlich an. Bringen Sie etwas zu Papier. **Fortschritt ist besser als Perfektion.**

- Anstatt auf den perfekten Trainingsplan zu warten, fangen Sie einfach an, sich zu bewegen.
- Anstatt den perfekten ersten Absatz zu schreiben, sollten Sie einen schrecklichen schreiben und ihn dann verbessern.
- Anstatt zu viel zu recherchieren, fangen Sie an und passen Sie es nach und nach an.

Sobald Sie Unvollkommenheit akzeptieren, wird der Fortschritt automatisch.

Der Trägheitskiller

In der Physik bleibt ein ruhendes Objekt in Ruhe, aber ein bewegtes Objekt bleibt in Bewegung. Das Gleiche gilt für Ihre Gewohnheiten.

Der weltberühmte Küchenchef Massimo Bottura, Inhaber des Drei-Michelin-Sterne-Restaurants Osteria Francescana, kennt diesen Grundsatz. In der stressigen Welt der gehobenen Küche können sich Köche kein Zögern leisten. Wenn die Küche mit den Vorbereitungen beginnt, weist Bottura sein Team an, eine einfache Regel zu befolgen: **niemals aufhören, sich zu bewegen.**

Wenn Sie Gemüse zerkleinern, machen Sie keine Pause, sondern gehen Sie gleich zum nächsten Schritt über. Wenn Sie ein Gericht fertig anrichten, beginnen Sie sofort mit den Vorbereitungen für das nächste. Der Schwung in der Küche wird nie unterbrochen.

Das gleiche Prinzip gilt auch außerhalb der Küche. Der schwierigste Teil eines jeden Projekts ist der Anfang. Aber wenn man einmal in Bewegung ist, bleibt man in Bewegung.

Der Trick ist einfach: Sie müssen **immer den nächsten Schritt kennen.**

Wenn Sie aufhören und nicht wissen, was als Nächstes kommt, baut sich wieder Trägheit auf. Aber wenn Sie immer eine klare nächste Aktion hinterlassen, bleiben Sie in Bewegung.

So wenden Sie es an:

- Wenn Sie die Arbeit für den beendenTag, hinterlassen Sie eine Notiz mit dem nächsten Schritt, mit dem Sie sofort beginnen.
- Planen Sie beim Training immer den ersten Schritt vor dem nächsten Workout.
- Unterteilen Sie die Aufgaben beim Putzen in kleine Schritte, damit Sie sich nicht überfordert fühlen.
- Handeln erzeugt mehr Handeln. Bleiben Sie in Bewegung, und Aufschieberitis hat keine Chance.

Furcht-Töter

Angst ist eine der größten Triebfedern der Prokrastination. Nicht Angst im extremen, lebensbedrohlichen Sinne, sondern in den alltäglichen Momenten, die uns davon abhalten, etwas zu unternehmen - Angst vor dem Versagen, Angst vor Peinlichkeit, Angst, etwas falsch zu machen.

Unser Gehirn ist auf Überleben eingestellt, was bedeutet, dass es oft ansieht*Unbehagen* als *Gefahr* . Deshalb kann es sich überwältigend anfühlen, den ersten Schritt in ein schwieriges Projekt zu wagen, ein schwieriges Gespräch zu beginnen oder sich selbst zu outen. Aber hier ist die Wahrheit: Angst ist eine

Gewohnheit, und wie jede Gewohnheit kann sie umprogrammiert werden.

Der Weg nach vorn besteht nicht darin, die Angst zu beseitigen, sondern Ihre Beziehung zu ihr zu ändern. Indem Sie Ihre Denkweise ändern, Versagen neu definieren und sich darauf einstellen, kleine Risiken einzugehen, schwächen Sie den Griff der Angst.

Die Einstellung zum Experiment

Eine der besten Möglichkeiten, die Angst zu neutralisieren, besteht darin, das Leben wie ein Wissenschaftler anzugehen. Wissenschaftler haben keine Angst vor dem Scheitern - sie *erwarten* es. Jedes Experiment, ob es nun gelingt oder nicht, liefert ihnen Daten, die sie verbessern können.

Nehmen wir Thomas Edison. Als er an der Glühbirne arbeitete, führte er Tausende von gescheiterten Experimenten durch. Aber er betrachtete sie nicht als vergebliche Mühe. Stattdessen wertete er sie um und sagte: "Ich habe nicht versagt. *Ich habe nur 10.000 Wege gefunden, die nicht funktionieren werden.*"

Vergleichen Sie das nun mit der Art und Weise, wie die meisten Menschen an Herausforderungen herangehen. Anstatt Rückschläge als nützliche Informationen zu betrachten, sehen sie sie als persönliche Fehler an. Eine Ablehnung bedeutet, dass sie *nicht gut genug sind*. Ein Fehler bedeutet, dass sie *schlecht darin sind*.

Aber was wäre, wenn Sie Fehler nicht als Beweis des Scheiterns, sondern als Teil des Lernprozesses betrachten würden?

Der Physiker Richard Feynman hat sich diese Denkweise schon früh zu eigen gemacht. Als Student kämpfte er in Princeton mit dem Impostersyndrom. Doch anstatt sich von der Angst aufhalten zu lassen, sagte er sich, dass Lernen einfach nur Experimentieren bedeutet. Er ging an jede Herausforderung mit Neugierde heran, anstatt sich unter Druck zu setzen. Diese spielerische Einstellung half ihm, den Nobelpreis zu gewinnen.

Wenn Sie mit Angst zu kämpfen haben, versuchen Sie Folgendes: Stellen Sie sich Aufgaben als Experimente vor.

Anstelle von:

- *Ich muss bei dieser Präsentation perfekt sein,* sagen wir: *Ich werde testen, was funktioniert, und es beim nächsten Mal besser machen.*
- *Was ist, wenn ich in dieser Sitzung Mist baue?* sagen: *Mal sehen, was ich daraus lernen kann.*

Wenn man aufhört, Herausforderungen als hochkarätige Leistungen zu betrachten, und beginnt, sie als Experimente zu betrachten, nimmt die Angst ab.

Das Worst-Case-Spiel

Ihre Ängste sind (fast) nie so schlimm, wie Sie denken. Die meisten Ängste sind Illusionen. Ihr Verstand übertreibt die Gefahr und entwirft Worst-Case-Szenarien, die selten eintreten. Studien zeigen, dass 85 % der Dinge, über die wir uns Sorgen machen, nie eintreten. Und mit den 15 %, die *doch* eintreten, gehen die Menschen viel besser um, als sie erwarten.

Ein öffentlicher Redner namens Scott Berkun hat dies aus erster Hand erfahren. Zu Beginn seiner Karriere hielt er eine Grundsatzrede auf einer großen Konferenz - und es lief furchtbar. Er verlor seinen Platz in seinen Notizen, stolperte über seine Worte und sah zu, wie die Zuhörer ihre Telefone überprüften.

Aber er stellte fest, dass **es ihn nicht ruiniert hat.** Niemand machte sich über ihn lustig. Keiner erinnerte sich an seine Fehler. Er machte einfach weiter, verbesserte sich und sprach weiter. Jahre später wurde er ein Bestsellerautor und einer der gefragtesten Redner der Branche.

Die Angst lässt ein Scheitern als katastrophal erscheinen, aber die Realität ist viel freundlicher.

Um die Illusion der Angst zu durchbrechen, versuchen Sie das **Worst-Case-Spiel**:

1. **Ermitteln Sie, wovor Sie Angst haben.** Beispiel: In einer Besprechung das Wort zu ergreifen.
2. **Fragen Sie: Was ist das absolut Schlimmste, was passieren könnte?** Beispiel: Du stolperst über deine Worte, die Leute denken, du bist nervös.
3. **Fragen Sie nun: Was ist das realistische Ergebnis?** Beispiel: Ein paar Sekunden Unbehagen, dann gehen die Leute weiter.

Meistens ist das Schlimmste, was passieren kann, gering. Und sobald man das erkennt, verliert die Angst ihre Macht.

Mut-Kapseln

Mut ist nichts, was man entweder *hat* oder *nicht hat*. Er ist ein Muskel. Je mehr man ihn benutzt, desto stärker wird er.

Tim Ferriss, der Bestsellerautor von *The 4-Hour Workweek*, hat eine Praxis, die er nennt"*Angstimpfung*" . Er bringt sich absichtlich in unangenehme Situationen - z. B. legt er sich mitten auf einen belebten Bürgersteig oder trägt in der Öffentlichkeit lächerliche Outfits -, um sich an das Unbehagen zu gewöhnen. Mit der Zeit stellte er fest, dass die Angst immer weniger Kontrolle über ihn hatte, je mehr er sich in kleine Ängste hineinsteigerte.

Muhammad Ali verfolgte einen ähnlichen Ansatz. Vor großen Kämpfen übte er den Umgang mit Beleidigungen und Kritik, indem er absichtlich mit Gegnern trainierte, die ihn verspotteten. Wenn er dann in den Ring stieg, konnte ihn keine Beleidigung oder Ablenkung mehr erschüttern.

Wenn Sie furchtlos werden wollen, beginnen Sie mit **kleinen Mutkapseln - täglichen** Aktionen, die Sie dazu bringen, mutig zu sein:

- Fragen Sie einen Fremden nach dem Weg, auch wenn es Ihnen unangenehm ist.
- Teilen Sie eine Idee in einer Besprechung mit, auch wenn Ihre Stimme zittert.
- Sagen Sie nein zu etwas, das Sie nicht tun wollen.
- Stellen Sie etwas online, ohne lange darüber nachzudenken.

Durch diese kleinen Handlungen wird Ihr Gehirn darauf trainiert, Unbehagen als normal anzusehen. Mit der Zeit werden größere Ängste - ein Unternehmen zu gründen, in der Öffentlichkeit zu sprechen, schwierige Entscheidungen zu treffen - leichter.

Furcht gedeiht im Zögern. Handeln tötet sie. Je mehr Sie sich ins Unbehagen begeben, desto furchtloser werden Sie.

Schnelle Mikrogewinne

Sie müssen nicht wochenlang warten, um die Prokrastination zu überwinden. Kleine, sofortige Maßnahmen können eine sofortige Veränderung bewirken. Hier sind drei einfache Möglichkeiten, um die Kontrolle zu übernehmen und sofort einen Impuls zu setzen:

1. **Beginnen Sie mit der Fünf-Minuten-Regel.** Wenn Sie sich von einer Aufgabe überwältigt fühlen, nehmen Sie

sich nur fünf Minuten Zeit dafür. Setzen Sie sich nicht unter Druck, sie zu beenden, sondern fangen Sie einfach an. In den meisten Fällen werden Sie weitermachen, denn das Schwierigste ist, anzufangen.

2. **Setzen Sie eine umgekehrte Deadline.** Anstatt eine Aufgabe unendlich in die Länge zu ziehen, setzen Sie sich eine künstliche Frist, die Sie zur Konzentration zwingt. Wenn eine Aufgabe normalerweise zwei Stunden dauert, sollten Sie sie in 60 Minuten erledigen. Ein kürzerer Zeitrahmen verhindert, dass man zu viel nachdenkt, und erhöht die Effizienz.

3. **Verkleinern Sie den Widerstand.** Wenn Ihnen eine Aufgabe zu groß erscheint, reduzieren Sie sie auf die kleinstmögliche Aktion. Schreiben Sie einen Satz statt eines ganzen Berichts, ziehen Sie Trainingsschuhe an, statt sich zu einer Stunde im Fitnessstudio zu verpflichten. Kleine Anfänge beseitigen mentale Barrieren.

Prokrastination ist kein Persönlichkeitsmerkmal, sondern eine Gewohnheit. Und wie jede Gewohnheit kann sie durchbrochen werden. Handeln ist das Gegengift.

Kapitel 5

Den eisernen Willen schmieden

Mentale Stärke ist nicht etwas, mit dem man geboren wird - sie wird aufgebaut. Die Fähigkeit, sich unter Druck zu konzentrieren, im Chaos ruhig zu bleiben und weiterzumachen, wenn sich alles unmöglich anfühlt, ist nicht nur einigen wenigen vorbehalten. Es ist eine trainierte Fähigkeit, die Mönche, Spitzensportler und Militärexperten gemeistert haben.

Das Geheimnis? *Sie verlassen sich nicht auf ihre Motivation. Sie konditionieren ihren Verstand zum Handeln, unabhängig davon, wie sie sich fühlen.*

Bei Disziplin geht es nicht darum, sich durch bloße Willenskraft zu zwingen - es geht darum, Ihr Gehirn so umzustimmen, dass es anders auf Stress, Unbehagen und Rückschläge reagiert. In diesem Kapitel erfahren Sie, wie Sie Ihren Fokus schärfen, im Angesicht von Stress standhaft bleiben und Widrigkeiten in Ihr größtes Kapital verwandeln können.

Mentale Rüstung

In einer Welt, in der unsere Aufmerksamkeit in tausend Richtungen gelenkt wird, ist Konzentration nicht nur eine Fähigkeit, sondern eine Superkraft. Diejenigen, die ihre Aufmerksamkeit kontrollieren können, kontrollieren ihre Ergebnisse. Aber Konzentration ist nichts, was man entweder hat oder nicht hat. Wie jede andere Fähigkeit kann auch sie trainiert werden.

Eines der extremsten Beispiele für unerschütterliche Zielstrebigkeit ereignete sich **1963**, als **Thích Quảng Đức**, ein vietnamesischer buddhistischer Mönch, sich mitten auf einer belebten Straße in Saigon in Brand setzte. Er wich nicht zurück. Er hat nicht geschrien. Er verharrte in voller Meditation, als die Flammen ihn verzehrten. Sein Ziel? Ein friedlicher Protest gegen religiöse Verfolgung.

Journalisten, die Zeuge des Geschehens waren, waren fassungslos - nicht nur über die Tat selbst, sondern auch über seine völlige Stille unter unvorstellbaren Schmerzen. Die Fähigkeit des Mönchs, ruhig zu bleiben, war kein Zufall. Es war das Ergebnis jahrelanger Übung seines Geistes, sich zu konzentrieren und sich von äußeren Unannehmlichkeiten zu lösen.

Auch wenn die meisten von uns nie ein solches Maß an Disziplin aufbringen müssen, bleibt der Grundsatz bestehen: Konzentration wird durch bewusste Übung erreicht.

Eine einfache Möglichkeit, damit zu beginnen, sind **Konzentrationsschübe - kurze**, strukturierte Blöcke tiefer Konzentration, die Ihre Fähigkeit stärken, Ablenkungen zu widerstehen.

Versuchen Sie dies:

1. Wählen Sie eine Aufgabe aus und stellen Sie einen ein**Fünf-Minuten-Timer für die Konzentration** .

2. Entfernen Sie alle Ablenkungen - schalten Sie Benachrichtigungen aus, stellen Sie Ihr Telefon in einen anderen Raum.
3. Arbeiten Sie mit voller Aufmerksamkeit. Wenn Ihre Gedanken abschweifen, bringen Sie sie zurück.

Verlängern Sie die Dauer jedes Mal ein wenig, wenn Sie dies tun. Mit der Zeit passt sich Ihr Gehirn an, und Ihre Fähigkeit, sich zu konzentrieren, nimmt zu. Ablenkung ist eine Gewohnheit. Das gilt auch für die Konzentration. Trainieren Sie sie täglich.

Die Kunst der Gelassenheit unter Druck beherrschen

In Situationen, in denen viel auf dem Spiel steht, liegt der Unterschied zwischen Erfolg und Misserfolg nicht im Talent, sondern in der Kontrolle. Die Fähigkeit, *ruhig zu bleiben*, wenn der Druck steigt, unterscheidet diejenigen, die unter Stress gedeihen, von denen, die zusammenbrechen.

Jason Redman, ein ehemaliger Navy SEAL, hat dies am eigenen Leib erfahren. Während eines Kampfeinsatzes im Irak gerieten er und sein Team in einen Hinterhalt. Kugeln durchschlugen seinen Körper, aber statt in Panik zu geraten, verließ er sich auf eine einfache, aber wirkungsvolle Technik: **kontrolliertes Atmen.**

Als sich das Chaos ausbreitete, verlangsamte er seinen Atem - vier Sekunden ein, vier Sekunden anhalten, vier Sekunden aus. Diese Technik, die als bekannt ist**Boxatmung** , beruhigte sein Nervensystem, machte seinen Geist klar und ermöglichte es ihm, sich auf das Überleben zu konzentrieren.

Der Grund, warum es funktioniert? Die Atmung steuert das Gehirn. Wenn Sie tief und langsam atmen, senkt Ihr Körper den Cortisolspiegel (das Stresshormon), und Ihr Geist gewinnt an Klarheit.

Versuchen Sie dies, wenn der Stress das nächste Mal überhand nimmt:

- **Atmen Sie dreimal tief ein**, wobei die Ausatmung länger sein sollte als die Einatmung.
- Verwenden Sie die **Boxatmung**: Vier Sekunden lang einatmen → vier Sekunden lang halten → vier Sekunden lang ausatmen → vier Sekunden lang halten.

Diese Technik wird von SEALs bis hin zu olympischen Athleten eingesetzt. Warum? Weil sie funktioniert. Panik ist nur eine untrainierte Reaktion auf Stress. Trainieren Sie, anders zu reagieren.

Rückschläge in Stärke verwandeln

Bei mentaler Stärke geht es nicht nur darum, vorwärts zu gehen, sondern auch darum, *was passiert, wenn man fällt*. Denn egal, wie diszipliniert Sie sind, Sie *werden* Rückschläge erleben.

Der Unterschied zwischen denen, die stecken bleiben, und denen, die aufsteigen? **Wie sie das Scheitern sehen.**

Michael Jordan, der wohl größte Basketballspieler aller Zeiten, wurde aus seiner Highschool-Mannschaft ausgeschlossen. Anstatt aufzugeben, nutzte er die Ablehnung als Ansporn und trainierte unermüdlich, bis er sechsmaliger NBA-Weltmeister und einer der berühmtesten Sportler aller Zeiten wurde.

Resiliente Menschen ertragen Misserfolge nicht einfach - sie *nutzen* sie. Psychologen nennen dies **"adversariales Wachstum**" - die Idee, dass Rückschläge nicht nur Hindernisse sind, sondern auch Gelegenheiten zur Entwicklung von Resilienz.

Möchten Sie diese Fähigkeit trainieren? Führen Sie ein **Bounce**

Log - eine Aufzeichnung jedes Moments, in dem Sie sich von einem Missgeschick erholt haben. Versuchen Sie dies:

1. Schreiben Sie einen vergangenen Misserfolg oder eine Herausforderung auf, die Sie überwunden haben.
2. Anstatt sich darauf zu konzentrieren, was schief gelaufen ist, fragen Sie: *Was habe ich daraus gelernt?*
3. Nennen Sie eine Möglichkeit, wie Sie dadurch stärker geworden sind.

Jedes Mal, wenn Sie sich an diese Momente erinnern, bestätigen Sie die Wahrheit: Sie haben schon einmal überwunden - und Sie werden es wieder tun. Bei mentaler Stärke geht es nicht darum, Misserfolge zu vermeiden. Es geht darum, sie als Treibstoff zu nutzen.

Fallen der Versuchung

Bei der Disziplin geht es nicht nur darum, das Richtige zu tun, sondern auch darum, es leichter zu machen, den falschen Dingen zu widerstehen. Jeden Tag stehen Sie vor unzähligen Entscheidungen, die Ihre Selbstbeherrschung auf die Probe stellen. Sollen Sie anfangen zu arbeiten oder durch Ihr Telefon scrollen? Sollen Sie Fast Food essen oder etwas Gesundes kochen? Im Bett bleiben oder sich bewegen?

Die meisten Fehler bei der Selbstdisziplinierung passieren nicht im Moment des Handelns. Sie passieren, *bevor* die Entscheidung überhaupt getroffen wird. Wenn Sie warten, bis die Versuchung vor Ihnen steht, haben Sie schon die Hälfte der Schlacht verloren. Der Schlüssel zum Sieg über die Versuchung liegt nicht in der Willenskraft, sondern in der Kontrolle der Bedingungen, die zu der Entscheidung führen.

. . .

Kontrolle des Ergebnisses, bevor der Kampf beginnt

Der Versuchung ist am schwersten zu widerstehen, wenn sie direkt vor einem steht. Deshalb glauben die meisten Menschen, die mit Selbstbeherrschung zu kämpfen haben, dass sie sich einfach "mehr anstrengen" müssen. Aber die Wahrheit ist, dass der wahre Kampf nicht im Moment der Versuchung gewonnen wird - er wird Stunden vorher gewonnen, wenn die Entscheidung noch in Ihrer Hand liegt.

In den 1980er Jahren befand sich Oprah Winfrey auf dem Höhepunkt ihrer Karriere, aber sie hatte ein Problem, das sie nicht überwinden konnte: das nächtliche Naschen. Egal, wie oft sie sich sagte, dass sie nicht zu Junkfood greifen würde, das Verlangen siegte immer. Sie versuchte es mit Willenskraft, aber das reichte nicht aus.

Dann änderte sie ihren Ansatz. Anstatt auf die Versuchung , ließ sie die Möglichkeit ganz weg. Sie bewahrte keine ungesunden Snacks mehr im Haus auf. Wenn sie Eiscreme wollte, musste sie in ein Geschäft fahren und es kaufen. Meistens reichten die Unannehmlichkeiten aus, um ihre Entscheidung zu überdenken.*zu reagieren*

Indem sie das Umfeld kontrollierte, *bevor* die Versuchung zuschlug, machte sie Disziplin mühelos möglich.

Diese Strategie funktioniert für alles. Wenn Sie morgens nicht mehr auf Ihr Handy schauen wollen, laden Sie es in einem anderen Raum auf. Wenn Sie morgens trainieren wollen, legen Sie Ihre Trainingskleidung am Vorabend bereit. Wenn Sie sich gesünder ernähren wollen, planen Sie Ihre Mahlzeiten, bevor der Hunger einsetzt.

Bei der Disziplin geht es nicht darum, die Versuchung zu bekämpfen, sondern sie zu beseitigen.

· · ·

Die Versuchung an der Quelle abschneiden

Jede Gewohnheit, ob gut oder schlecht, beginnt mit einem Auslöser. Wenn Sie sich schon einmal dabei ertappt haben, aus Langeweile zu essen, ohne nachzudenken zum Telefon zu greifen oder sich nach dem Essen eine Zigarette anzuzünden, haben Sie das am eigenen Leib erfahren. Irgendetwas löst die Handlung aus - sei es ein emotionaler Zustand, eine bestimmte Tageszeit oder eine bestimmte Umgebung.

Dies war die größte Herausforderung für Allen Carr, einen britischen Geschäftsmann und Bestsellerautor, der jahrzehntelang mit dem Rauchen kämpfte. Er versuchte dutzende Male, mit dem Rauchen aufzuhören, scheiterte aber immer. Dann erkannte er, dass es bei seiner Sucht nicht nur um Nikotin ging, sondern auch um **Assoziationen**. Sein Gehirn hatte das Rauchen mit bestimmten Aktivitäten verknüpft. Kaffee bedeutete Zigaretten. Stress bedeutete Zigaretten. Das Beenden einer Mahlzeit bedeutete Zigaretten.

Anstatt einfach einen kalten Entzug zu machen, packte er das Problem an der Wurzel. Er begann, diese Assoziationen zu ändern. Anstatt nach dem Kaffee zu einer Zigarette zu greifen, kaute er Kaugummi. Anstatt zu rauchen, wenn er sich gestresst fühlte, machte er einen Spaziergang. Er veränderte seine Auslöser, und schon bald verschwand das Verlangen.

Die meisten Menschen versuchen, ihre Auslöser mit Willenskraft zu bekämpfen, aber ein klügerer Ansatz ist es, den Auslöser auszutauschen, zu vermeiden oder neu zu gestalten.

Wenn Sie sich beim Fernsehen nach Junkfood sehnen, versuchen Sie, die Chips durch eine Schale Obst zu ersetzen. Wenn soziale Medien Sie von der Arbeit ablenken, melden Sie sich von Ihren Konten ab oder verwenden Sie einen App-Blocker. Wenn Sie sich bei Stress nach Alkohol sehnen, definieren Sie ihn als Anlass für tiefes Atmen oder Dehnen neu.

Das Gehirn folgt Mustern. Ändere das Muster, und die Gewohnheit folgt.

Hacking des Dopamin-Systems im Gehirn

Bei der Versuchung geht es nicht um Logik. Es geht um Belohnung. Jede schlechte Angewohnheit wird fortgesetzt, weil sie *sich gut anfühlt*. Unser Gehirn ist auf Vergnügen eingestellt, und der einfachste Weg, es zu bekommen, sind schnelle Dopaminschübe: Junkfood, soziale Medien, Fernsehen in Saus und Braus. Das Problem ist nicht, dass Sie diese Dinge genießen, sondern dass sie Ihnen die Motivation rauben und echte Fortschritte im Vergleich dazu langweilig erscheinen.

Ein besseres Beispiel für das Hacken des Belohnungssystems Ihres Gehirns stammt von Angela Duckworth, der Psychologin, die hinter dem Konzept des *Mutes* steht. Bei der Untersuchung von Leistungsträgern entdeckte sie, dass diejenigen, die Selbstdisziplin beherrschen, nicht auf Entbehrungen angewiesen sind - sie haben gelernt, *produktiven Handlungen Freude beizumessen*.

Nehmen Sie zum Beispiel Marathonläufer. Viele mögen die Schmerzen beim Laufen anfangs nicht. Aber sie lernen, kleine Erfolge - das Erreichen einer Meile, das Übertreffen ihres persönlichen Rekords, die Verbesserung ihrer Ausdauer - mit Zufriedenheit zu verbinden. Ihr Gehirn beginnt, die harte Arbeit mit Vergnügen zu verbinden, so dass die Gewohnheit leichter aufrechterhalten werden kann.

Das gleiche Prinzip funktioniert auch im täglichen Leben. Anstatt zu versuchen, komplett aus den sozialen Medien auszusteigen, machen Sie das echte Leben lohnender, indem Sie Ihre persönlichen Fortschritte verfolgen. Anstatt zum Vergnügen auswärts zu essen, machen Sie das Kochen zu einer kreativen Herausforderung. Anstatt auf dem Handy zu scrollen, um einen Dopaminschub zu bekommen, sollten Sie Ihre harte Arbeit mit einer unmittelbaren Belohnung verbinden, z. B. Musik hören oder eine Folge Ihrer Lieblingsserie ansehen, nachdem Sie eine Aufgabe erledigt haben.

Dopamin treibt die Motivation an. Wenn Sie kontrollieren können, woher es kommt, können Sie auch Ihre Gewohnheiten kontrollieren. Finden Sie kreative Wege, um die richtigen Handlungen mit Dopamin zu versorgen. Eine der besten Änderungen, die ich vorgenommen habe, war zum Beispiel, nach einem vollen Arbeitstag abends im Fitnessstudio zu trainieren. Anstatt morgens als Erstes zu trainieren, habe ich angefangen, es als Belohnung nach einem ganzen Tag konzentrierter Arbeit zu betrachten. Unglaublicherweise verbesserten sich nicht nur die Ergebnisse in meinem eigenen Geschäft, sondern auch die Leistung im Fitnessstudio.

Der Disziplinierungsmuskel

Disziplin ist nicht etwas, mit dem man geboren wird, sondern etwas, das man aufbaut. Wie ein Muskel wird sie durch Widerstand gestärkt, wächst, wenn sie gefordert wird, und wird schwächer, wenn sie vernachlässigt wird. Das Problem ist, dass die meisten Menschen Unbehagen vermeiden, weil sie es für ein Zeichen halten, dass sie auf dem falschen Weg sind. Aber Unbehagen ist nicht der Feind - es ist das Übungsfeld.

Einige der mental stärksten Menschen in der Geschichte - Mönche, Sportler, Unternehmer und Militärprofis - sind nichts Besonderes. Sie haben einfach gelernt, mit Schwierigkeiten auf eine Weise umzugehen, die die meisten Menschen nicht haben. Der Schlüssel liegt darin, Herausforderungen in das tägliche Leben einzubauen, damit Sie, wenn echte Widrigkeiten auftreten, bereits vorbereitet sind.

. . .

Konditionieren Sie sich auf Unbehagen

Unbehagen ist die Geburtsstätte der Resilienz. Wenn man sich nie antrainiert, es zu ertragen, fühlen sich selbst kleine Schwierigkeiten überwältigend an. Aber wenn man sich bewusst kontrolliertem Unbehagen aussetzt, wird man unerschütterlich.

Jocko Willink, ein ehemaliger Navy SEAL-Kommandant, hat seine gesamte Philosophie auf der Idee aufgebaut, dass Disziplin gleich Freiheit ist. Doch bevor er ein Bestsellerautor und Führungsexperte wurde, war er nur ein junger Rekrut, der darum kämpfte, seine eigenen Grenzen zu überwinden. Während der SEAL-Ausbildung, als die Erschöpfung einsetzte und Aufgeben die einzige Option zu sein schien, zwang sich Jocko dazu, Unannehmlichkeiten in Kauf zu nehmen. Er wachte früher auf als nötig, machte zusätzliche Übungen, wenn niemand zusah, und stellte sich den Schwierigkeiten, anstatt davor wegzulaufen. Mit der Zeit wuchs seine Toleranz für den Kampf. Was sich einst unerträglich anfühlte, wurde zur Routine. Seine Denkweise änderte sich von der Vermeidung von Schmerzen zu deren Nutzung als Treibstoff - und diese Veränderung bestimmte den Rest seines Lebens.

Sie müssen kein SEAL werden oder sich extremen körperlichen Herausforderungen stellen, um ein bemerkenswertes Maß an Belastbarkeit zu entwickeln. Kleine, tägliche Momente des Unbehagens können Ihre Reaktion auf Stress umprogrammieren. Eine kalte Dusche, ein 30-minütiger Aufschub des morgendlichen Kaffees oder ein fünfminütiger Aufschub der Arbeit mögen unbedeutend erscheinen, aber jedes Mal, wenn Sie dies tun, trainieren Sie sich, mehr zu leisten.

Sich selbst durch Rückschläge stärken

Die Angst vor dem Scheitern hält mehr Menschen zurück als das tatsächliche Scheitern es jemals tun wird. Die meisten Menschen vermeiden Misserfolge, weil sie sie mit Schwäche assoziieren. Aber Scheitern ist kein Zeichen dafür, aufzuhören - es ist der Prozess der Anpassung in Aktion. Scheitern ist ein wesentlicher Schritt zum Erfolg. Versuch > Scheitern > Erfolg. Man kann nicht erfolgreich sein, ohne zu scheitern. Die Einstellung eines Gewinners ist es, massiv zu handeln und das Scheitern in Kauf zu nehmen.

Sara Blakely, die milliardenschwere Gründerin von Spanx, führt ihren Erfolg auf eine einfache Änderung ihrer Einstellung zurück. Als sie aufwuchs, fragte ihr Vater sie beim Abendessen: "Woran bist du heute gescheitert?" Wenn sie keine Antwort wusste, drückte er seine Enttäuschung aus - nicht, weil sie versagt hatte, sondern weil sie etwas nicht versucht hatte, das schwierig genug war, um zu versagen.

Diese Neuausrichtung veränderte alles für sie. Sie sah Misserfolge nicht mehr als etwas an, das es zu vermeiden galt, sondern als Beweis dafür, dass sie wuchs. Diese Einstellung führte dazu, dass sie Risiken einging, Ideen testete und schließlich eine Milliarden-Dollar-Marke aufbaute.

Wenn Sie Ihre Widerstandsfähigkeit stärken wollen, nehmen Sie Misserfolge nicht einfach hin, sondern suchen Sie *sie auf kontrollierte Weise*. Vermeiden Sie Situationen, in denen Sie scheitern könnten, und stellen Sie sich auf sie ein. Sprechen Sie in einer Besprechung das Wort, auch wenn Sie unsicher sind. Probieren Sie eine neue Fähigkeit aus, auch wenn Sie wissen, dass Sie anfangs nicht gut darin sein werden. Bitten Sie um etwas, wovor Sie Angst haben, auch wenn die Antwort vielleicht nein lautet. Jedes Mal, wenn Sie das tun, trainieren Sie, Versagen vom Selbstwertgefühl zu trennen, was es einfacher macht, mutig zu handeln, wenn es am wichtigsten ist.

Erweitern Sie Ihre Fähigkeit, Herausforderungen anzunehmen

Den eisernen Willen schmieden

Wachstum entsteht nicht durch große Sprünge, sondern durch schrittweise Expansion. Wenn Sie jeden Tag ein wenig über Ihre Grenzen hinausgehen, wird das, was einst unmöglich schien, schließlich leicht.

Shirley Raines, die Gründerin von Beauty 2 The Streetz, hatte nicht vor, eine Bewegung aufzubauen. Sie begann einfach damit, einer Person zu helfen. Dann einer anderen. Und dann noch einer. Ihre kleinen Taten der Freundlichkeit für die Obdachlosengemeinschaft wuchsen zu einer Organisation, die heute Tausenden hilft.

Der Schlüssel war Beständigkeit. Sie musste nicht alles auf einmal machen, sondern einfach jeden Tag ein bisschen mehr tun.

Die meisten Menschen setzen sich zu hohe Ziele und brennen aus. Bei echter Ausdauer geht es nicht darum, zu sprinten, sondern jeden Tag zu erscheinen, auch wenn sich der Fortschritt langsam anfühlt. Anstatt sich zu hohe Ziele zu setzen, sollten Sie sich nur 5 % mehr vornehmen als gestern. Wenn Sie es gewohnt sind, 30 Minuten lang zu arbeiten, versuchen Sie es mit 32 Minuten. Wenn Sie zwei Meilen laufen, versuchen Sie es mit 2,1. Die Steigerung ist so gering, dass Ihr Gehirn sie nicht als schwierig wahrnimmt, aber mit der Zeit führen diese winzigen Steigerungen zu einem exponentiellen Wachstum.

Schnelle Mikrogewinne

1. **Verzögern Sie heute die Befriedigung für ein kleines Vergnügen.** Lassen Sie den Nachtisch aus, warten Sie fünf Minuten länger, bevor Sie Ihr Telefon abhören, oder warten Sie mit dem Kauf von etwas, das Sie gerne hätten. Wenn Sie Ihr Gehirn auf das Warten trainieren, fällt es Ihnen leichter, sich langfristig zu disziplinieren.

2. **Führen Sie eine bewusste Unannehmlichkeit in Ihren Tag ein.** Nehmen Sie eine kalte Dusche, verzichten Sie auf Koffein oder beenden Sie eine Aufgabe, wenn Ihr Verstand aufhören möchte. Jedes Mal, wenn Sie Unannehmlichkeiten überwinden, stärken Sie die Gewohnheit der Ausdauer.
3. **Überschreiten Sie den Punkt, an dem Sie normalerweise aufhören, um 5 %.** Lesen Sie eine Seite mehr, arbeiten Sie zwei Minuten länger, oder laufen Sie ein wenig weiter als geplant. Kleine Steigerungen führen zu mehr geistiger Ausdauer.
4. **Betrachten Sie Scheitern als Fortschritt.** Anstatt Misserfolge zu vermeiden, suchen Sie nach kleinen Möglichkeiten, sie zu üben. Probieren Sie etwas Neues aus, bitten Sie um etwas, auch wenn die Antwort vielleicht nein lautet, oder versuchen Sie eine Fähigkeit, von der Sie wissen, dass Sie sie nicht sofort beherrschen werden.
5. **Ändern Sie einen Auslöser für eine schlechte Angewohnheit.** Wenn Sie nach dem Aufwachen immer Ihr Handy überprüfen, laden Sie es in einem anderen Raum auf. Wenn Sie aus Langeweile naschen, stellen Sie gesündere Alternativen in Reichweite. Bei der Disziplin geht es nicht nur darum, der Versuchung zu widerstehen, sondern auch darum, Ihre Umgebung so zu gestalten, dass der Erfolg leichter wird.

Bei der Disziplin geht es nicht darum, von Natur aus stark zu sein. Es geht darum, sich selbst zu trainieren, um mehr zu schaffen, eine kleine Herausforderung nach der anderen. Jetzt sind Sie dran, sich selbst zu stärken!

Die kleinsten Handlungen haben die größte Wirkung

"Wir sind, was wir immer wieder tun. Exzellenz ist also keine Handlung, sondern eine Gewohnheit." - Aristoteles

Große Disziplin formt nicht nur den Einzelnen - sie formt auch Gemeinschaften. Kleine Maßnahmen, die konsequent durchgeführt werden, bewirken große Veränderungen. Und gerade jetzt haben Sie die Möglichkeit, jemandem zu helfen, den ersten Schritt in Richtung Selbstdisziplin zu machen.

Würden Sie jemandem wie Ihnen helfen - jemandem, der sich von der Prokrastination befreien, bessere Gewohnheiten entwickeln und die Kontrolle über sein Leben übernehmen möchte?

Die meisten Menschen wählen Bücher aufgrund von Rezensionen aus. Ihr Feedback könnte der Grund dafür sein, dass jemand in die Hand nimmt *Micro Discipline* und beginnt, seine täglichen Gewohnheiten zu ändern.

Eine Bewertung zu hinterlassen kostet nichts und dauert weniger als eine Minute, aber es könnte den Unterschied machen für...

- ... eine weitere Person, die bereit ist, endlich aufzuhören, zu viel nachzudenken und zu handeln.
- ... ein weiterer Unternehmer, der darum kämpft, in seiner Arbeit konsequent zu bleiben.
- ... ein weiterer Student, der bessere Lerngewohnheiten entwickeln möchte.
- ... ein weiteres Elternteil, das versucht, mit gutem Beispiel voranzugehen.
- ... ein weiterer Traum, der sonst vielleicht verblasst.

Um etwas zu bewirken, gehen Sie einfach dorthin, wo Sie dieses Buch lesen, und hinterlassen Sie eine Rezension.

Wenn dieses Buch Ihnen geholfen hat, könnte Ihre Rezension jemand anderem helfen, seine Reise zu beginnen. Danke, dass Sie Teil dieser Bewegung sind.

Jordanien-Kreuz

Kapitel 6

Unsichtbare Gewohnheiten

Bei der ultimativen Form der Disziplin geht es nicht darum, sich zum Handeln zu zwingen - es geht darum, das Handeln automatisch zu machen. Die erfolgreichsten Menschen kämpfen nicht ständig gegen ihre Willenskraft an. Sie haben einfach Gewohnheiten entwickelt, die so tief verwurzelt sind, dass sie ohne Anstrengung ablaufen.

Sie vergaß, dass sie diszipliniert war - und deshalb hat sie gewonnen. Serena Williams ist weithin als eine der größten Sportlerinnen aller Zeiten anerkannt, aber was viele nicht wissen, ist, wie viel von ihrem Erfolg auf automatische Routinen zurückzuführen ist. Vor jedem Match ging sie nach demselben Schema vor: Sie band ihre Schnürsenkel auf eine bestimmte Art und Weise, ließ den Ball vor dem Aufschlag genau fünfmal aufspringen und platzierte ihre Ausrüstung in der gleichen, präzisen Reihenfolge. Dies waren keine zufälligen Gewohnheiten, sondern mentale Hinweise, die sie in einen Zustand der Konzentration versetzten.

Wenn Disziplin zur zweiten Natur wird, verschwindet der Widerstand. Das ist das Ziel - nicht jeden Tag gegen sich selbst anzukämpfen, sondern Disziplinen zu entwickeln, die so automatisch sind, dass der Erfolg unvermeidlich wird.

Gewohnheitsschleifen entfesselt

Jede Gewohnheit folgt dem gleichen Muster: Hinweis, Routine, Belohnung. Wenn Sie dafür sorgen wollen, dass Disziplin automatisch abläuft, müssen Sie sich zunächst darüber klar werden, welche Anreize zum Handeln führen.

Jessica, eine Mutter von drei Kindern, hatte mit chaotischen Morgensituationen zu kämpfen. Sie wollte jeden Tag ein Tagebuch schreiben, fühlte sich aber immer zu überfordert, um die Zeit dafür zu finden. Dann erkannte sie, dass sie nicht mehr Willenskraft brauchte – sie brauchte einen Auslöser. Sie beschloss, dass sie jeden Morgen, sobald sie sich einen Kaffee eingoss, ihr Tagebuch aufschlagen würde.

Am Anfang war es mühsam. Aber innerhalb weniger Wochen stellte ihr Gehirn die Verbindung her: Kaffee bedeutet Journalismus. Bald musste sie nicht einmal mehr darüber nachdenken. Die Gewohnheit lief von selbst.

Dieses Prinzip gilt für alles. Wenn Sie anfangen wollen, Sport zu treiben, verbinden Sie es mit einer bestehenden Gewohnheit. Stellen Sie Ihre Laufschuhe neben Ihr Bett und schnüren Sie sie, sobald Sie aufwachen. Wenn Sie mehr Wasser trinken wollen, füllen Sie ein Glas, bevor Sie morgens auf Ihr Handy schauen. Wenn Sie mehr lesen wollen, legen Sie ein Buch auf Ihr Kopfkissen, damit Sie es vor dem Schlafengehen zur Hand nehmen können.

Anhaltspunkte verhindern Entscheidungsmüdigkeit. Wenn Sie sie richtig einstellen, werden Ihre Gewohnheiten automatisch folgen.

. . .

Gewohnheiten so einfach machen, dass sie unvermeidlich sind

Die meisten Gewohnheiten scheitern nicht, weil sie zu schwierig sind, sondern weil sie zu kompliziert sind. Wenn eine Gewohnheit zu viel Aufwand erfordert, findet Ihr Gehirn eine Ausrede, um sie zu vermeiden.

Eliud Kipchoge, der erste Marathonläufer, der die Zwei-Stunden-Grenze durchbrach, hat dies genau verstanden. Sein Erfolg beruhte nicht nur auf hartem Training, sondern auch auf der Vermeidung unnötiger Entscheidungen. Er aß jeden Tag die gleichen Mahlzeiten, trainierte zur gleichen Zeit und trug die gleichen Schuhe. Dadurch, dass er keine zusätzlichen Entscheidungen traf, konnte er seine geistige Energie für die Leistung frei machen.

Damit eine Disziplin automatisch abläuft, muss sie reibungslos sein. Je einfacher eine Handlung ist, desto wahrscheinlicher ist es, dass sie wiederholt wird.

Wenn Sie mehr trainieren wollen, schlafen Sie in Ihrer Sportkleidung. Wenn Sie sich gesünder ernähren wollen, bereiten Sie Ihre Mahlzeiten im Voraus vor. Wenn Sie mehr schreiben wollen, lassen Sie Ihr Notizbuch offen auf Ihrem Schreibtisch liegen.

Jeder Schritt, der zwischen Ihnen und Ihrer Gewohnheit steht, ist eine weitere Gelegenheit für Ihr Gehirn, auszusteigen. Beseitigen Sie die Reibung, und die Disziplin wird sich von selbst einstellen.

Hacking Your Brain für mehr Disziplin

Jede Gewohnheit, ob gut oder schlecht, existiert, weil unser Gehirn am Ende eine Belohnung erwartet. Deshalb ist es so schwer, mit dem Scrollen in den sozialen Medien, dem Verzehr von Junkfood und dem Aufschieben von Dingen aufzuhören - sie sorgen für einen sofortigen Dopaminschub. Wenn Sie wollen, dass gute

Gewohnheiten bestehen bleiben, müssen Sie sie auf eine Weise belohnen, die Ihr Gehirn erkennt.

Maya Angelou, die legendäre Dichterin, schrieb jeden Tag, aber nicht zu Hause. Sie mietete ein Hotelzimmer, wo sie nichts anderes tat als zu schreiben. Ihre Belohnung war einfach: Wenn sie fertig war, konnte sie nach Hause gehen und sich entspannen, weil sie wusste, dass ihre Arbeit getan war.

Wenn du willst, dass eine Gewohnheit von Dauer ist, dann binde sie an etwas Befriedigendes.

Nehmen Sie nach dem Training eine kalte Dusche oder genießen Sie Ihren Lieblingssmoothie. Wenn Sie Ihre Arbeit beendet haben, gönnen Sie sich zehn Minuten schuldfreie Entspannung. Wenn Sie sich an Ihren Essensplan halten, entspannen Sie sich mit einem Buch oder Ihrer Lieblingsserie. Das ist etwas sehr Persönliches und Sie kennen sich selbst am besten. Ins Fitnessstudio zu gehen und zu trainieren war meine Belohnung, aber für viele ist es eine Bestrafung. Egal, wie kontraintuitiv es ist, Sie entscheiden, was die Belohnung für Sie sein soll.

Hier ist der Schlüssel: Die Belohnung muss sofort erfolgen. Ihr Gehirn wird nicht Stunden oder Tage warten, um sich erfüllt zu fühlen. Es sehnt sich nach einem Grund, das Verhalten jetzt zu wiederholen. Indem Sie Gewohnheiten mit sofortigen Belohnungen verstärken, erhöhen Sie die Wahrscheinlichkeit, dass sie beibehalten werden.

Die Gewohnheiten, die Bestand haben, sind diejenigen, die sich gut anfühlen. Bauen Sie sie mit Bedacht auf, und bald werden sie unsichtbar werden.

Stealth Stacking

Einige der erfolgreichsten Menschen der Welt verlassen sich nicht auf Motivation oder Willenskraft, um konsequent zu bleiben. Stattdessen integrieren sie gute Gewohnheiten so nahtlos in ihre tägliche Routine, dass sie ohne bewusste Anstrengung ablaufen.

Anstatt Disziplin zu erzwingen, verbinden sie neue Verhaltensweisen mit bestehenden - und verwandeln so gewöhnliche Routinen in leistungsfähige Gewohnheitsschleifen. Diese Methode, die als Gewohnheitsstapelung bekannt ist, macht es einfach, Disziplin aufzubauen, ohne das Gefühl zu haben, dass man sich noch mehr aufbürdet.

Durch die Schichtung von Gewohnheiten, die Verknüpfung von Verhaltensweisen und das Aufgreifen von Routinen können Sie Fortschritte erzielen, ohne es zu merken.

Hinzufügen von Gewohnheiten zu bestehenden Routinen

Eine der einfachsten Möglichkeiten, eine Gewohnheit zu entwickeln, besteht darin, sie mit etwas zu verbinden, das Sie bereits täglich tun. Je automatischer die ursprüngliche Gewohnheit ist, desto wahrscheinlicher wird die neue Gewohnheit bestehen bleiben.

Im College hatte Bill Gates die Angewohnheit, jeden Abend vor dem Schlafengehen zu lesen. Dies war ein nicht verhandelbarer Teil seiner Routine. Später im Leben nutzte er diese Angewohnheit, um eine andere zu festigen: die Überprüfung seiner Geschäftsstrategien. Anstatt eine neue Aufgabe von Grund auf hinzuzufügen, fügte er sie zu etwas hinzu, das bereits zur zweiten Natur geworden war.

Diese Technik funktioniert bei fast jeder Gewohnheit. Wenn Sie anfangen wollen zu meditieren, tun Sie es, während Ihr Kaffee kocht.

Wenn Sie Ihre Körperhaltung verbessern wollen, richten Sie jedes Mal Ihren Rücken auf, wenn Sie auf Ihr Telefon schauen. Wenn Sie sich in Dankbarkeit üben wollen, sagen Sie jedes Mal, wenn Sie sich zum Essen hinsetzen, etwas, wofür Sie dankbar sind.

Der Schlüssel liegt darin, die erste Gewohnheit als Auslöser für die zweite wirken zu lassen. Sobald die beiden Verhaltensweisen miteinander verbunden sind, wird die Disziplin mühelos.

Neue Gewohnheiten ohne zusätzliche Willenskraft im Huckepackverfahren

Einer der Hauptgründe, warum Menschen Schwierigkeiten haben, konsequent zu bleiben, liegt darin, dass sich neue Gewohnheiten wie zusätzlicher Aufwand anfühlen. Aber was wäre, wenn sie das nicht täten? Was wäre, wenn sie einfach *den Schwung aufgreifen* dessen, was man bereits getan hat, würden?

Chefkoch Massimo Bottura, der Besitzer des Drei-Michelin-Sterne-Restaurants Osteria Francescana, hatte einen strengen Vorbereitungszeitplan, der jeden Morgen stundenlange, akribische Arbeit mit den Zutaten erforderte. Er betrachtete diese Zeit nicht als getrennt von seinem persönlichen Wachstum, sondern nutzte sie, um neue kulinarische Techniken in kleinen, gezielten Schritten zu üben. Er nahm sich nicht extra Zeit, sondern integrierte das Lernen direkt in seine Routine.

Dieser Grundsatz gilt für jede Gewohnheit. Wenn Sie Podcasts hören, wechseln Sie zu einem, der Ihnen etwas beibringt. Wenn Sie Sport treiben, kombinieren Sie ihn mit Hörbüchern oder Sprachkursen. Wenn Sie Geschirr spülen, machen Sie ein paar Wadenbeugen, während Sie darauf warten, dass sich das Spülbecken füllt.

Wenn neue Gewohnheiten auf alten aufbauen, fühlt sich Disziplin nicht mehr wie Arbeit an. Stattdessen kann sie Spaß machen und sich ganz von selbst lohnen.

Erstellung von Ketten

Sobald Sie die Anhäufung einzelner Gewohnheiten gemeistert haben, besteht der nächste Schritt darin, sie zu Sequenzen zu verknüpfen, die natürlich ablaufen. Die besten Gewohnheiten sind nicht isoliert - sie lösen eine Kettenreaktion aus.

James Clear, Autor von *Atomic Habits*, beschreibt, wie er eine Fitnessgewohnheit aufbaute, indem er Verhaltensweisen miteinander verknüpfte. Anstatt einfach zu sagen: *"Ich werde trainieren"*, schuf er eine Abfolge:

- Trainingskleidung anziehen → Wasserflasche auffüllen → nach draußen gehen → loslaufen.

Indem er die Gewohnheiten so strukturierte, dass eine auf natürliche Weise zur nächsten führt, beseitigte er die Entscheidungsmüdigkeit. Sobald der erste Schritt getan war, geschah der Rest automatisch.

Diese Strategie ist besonders nützlich für die Morgen- und Abendroutine. Es könnte so einfach sein wie:

- Aufwachen → Zähne putzen → zwei Minuten lang dehnen → zehn Liegestütze machen.

Mit der Zeit kann diese kleine Kette zu einer vollständigen Trainingsroutine werden. Der Schwung einer Gewohnheit wird die nächste nach sich ziehen, sodass Beständigkeit mühelos möglich ist.

Um Ihre eigene Kette zu bilden, beginnen Sie mit einer Handlung, die Sie bereits täglich ausführen, und fügen dann eine kleine

Gewohnheit hinzu, gefolgt von einer weiteren. Der Schlüssel ist, dass jede Handlung als natürlicher Auslöser für die nächste dient. Sobald diese Kette von Gewohnheiten etabliert ist, wird sie Sie ohne Widerstand vorwärts bringen.

Der Fade-Faktor

Bei der höchsten Stufe der Selbstdisziplin geht es nicht um Kampf oder Willenskraft. Es geht um Automatisierung. Je mehr sich eine Gewohnheit verfestigt, desto weniger Anstrengung erfordert sie, bis man eines Tages gar nicht mehr merkt, dass man sie ausübt.

Denken Sie daran, wie Sie sich die Zähne putzen. Du überlegst nicht, ob du jeden Morgen Lust dazu hast - du tust es einfach. Es ist ein automatisches Verhalten, das so tief in Ihr Leben eingewoben ist, dass es sich unnatürlich anfühlt, es auszulassen.

Das ist das Ziel für alle Gewohnheiten, die sich stark auswirken. Der Schlüssel zu dauerhafter Disziplin ist nicht der Kampf um Beständigkeit, sondern das Erreichen eines Punktes, an dem Beständigkeit möglich ist *ohne* Kampf.

Autopilot-Aktivierung

Studien zeigen, dass über **40 %** der täglichen Handlungen unbewusste Gewohnheiten sind. Das bedeutet, dass fast die Hälfte dessen, was Sie tun, keine bewusste Entscheidung ist - es ist ein Reflex, der durch Wiederholung entsteht.

Nehmen wir Itzhak Perlman, einen der berühmtesten Geiger der Welt. Als er das Erwachsenenalter erreichte, war seine tägliche Übungsroutine so tief verwurzelt, dass er nicht mehr über das Üben - es war einfach ein Teil von ihm selbst. Seine Hände wussten, wohin sie sich bewegen mussten, sein Geist konzentrierte sich, und ehe er sich versah, waren Stunden vergangen. *nachdachte*

Das passiert, wenn Gewohnheiten automatisch werden.

Um zu testen, ob eine Gewohnheit vollständig in den Autopiloten übergegangen ist, versuchen Sie den **"Fade-Test"** - lassen Sie die Gewohnheit einen Tag lang aus und sehen Sie, ob sie sich falsch anfühlt. Wenn das Auslassen des Fitnessstudios Sie unruhig macht, wenn das Nichtführen eines Tagebuchs sich anfühlt, als würde etwas fehlen, wenn das Nichtmeditieren dazu führt, dass sich Ihr Geist zerstreut anfühlt, haben Sie die Gewohnheit erfolgreich verankert.

In diesem Stadium ist Disziplin nicht mehr etwas, das man *tut*, sondern etwas, das man *ist*. Deshalb sollten Sie am nächsten Tag schnell wieder damit anfangen. Die Wiederaufnahme schlechter Gewohnheiten kann genauso schnell geschehen, wenn Sie nicht aufpassen.

Wenn sich schwere Dinge nicht mehr schwer anfühlen

Wenn Sie sich zum ersten Mal an etwas Schwieriges heranwagen, erfordert dies eine enorme bewusste Anstrengung. Mit der Zeit wird die erforderliche Anstrengung geringer. Was sich einst unnatürlich anfühlte, wird zur zweiten Natur.

Deshalb wird Genügsamkeit zur zweiten Natur für Menschen, die jahrelang ihren Haushalt geführt haben. Zunächst verfolgen sie bewusst jeden Dollar. Aber irgendwann Sparen nicht mehr *fühlt sich* wie Arbeit an - es ist einfach so, wie sie funktionieren.

Das Gleiche passiert mit Fitness, Produktivität und Konzentration. Was einst ein Kampf war, tritt in den Hintergrund der eigenen Identität.

Eine der besten Möglichkeiten, dies zu messen, ist das Führen eines **Fade-Trackers - eine** Aufzeichnung darüber, wie lange es dauert, bis sich eine Handlung nicht mehr wie eine Anstrengung anfühlt. Wenn es früher Willenskraft gekostet hat, 500 Wörter zu schreiben, und es sich jetzt mühelos anfühlt, wenn das frühe Aufstehen kein Kampf mehr ist, wenn gesunde Ernährung zum Instinkt geworden ist, dann wissen Sie, dass die Disziplin vollständig Fuß gefasst hat.

Bei der Disziplin geht es nicht nur darum, sich zum Handeln . Auf der höchsten Stufe geht es darum, einen Punkt zu erreichen, an dem *zu zwingen*sich Nichthandeln seltsam anfühlt.

Identitätsinfusion

Wenn eine Gewohnheit tief verwurzelt ist, fühlt sie sich nicht mehr wie eine Verhaltensweise an - sie fühlt sich an wie *das, was Sie sind*.

Ein gängiger Satz unter Spitzensportlern, Künstlern und Fachleuten lautet: *"Ich muss mich nicht dazu zwingen, das zu tun. Es ist einfach ein Teil von mir."*

Nehmen Sie Maya Lin, die Architektin hinter dem Vietnam Veterans Memorial. Sie arbeitete nicht nur im Design - sie *wurde zum* Design. Sie dachte ständig in Formen und Strukturen, und alles, was sie schuf, spiegelte ihre natürliche Art, die Welt zu sehen, wider.

Dies ist die letzte Stufe der Disziplin. Du gehst nicht nur ins Fitnessstudio - du *bist* ein Sportler. Du schreibst nicht nur - du *bist* ein Schriftsteller. Man übt nicht nur Selbstdisziplin - man *ist* diszipliniert.

Auf dieser Ebene sind die Gewohnheiten so tief verankert, dass es sich unnatürlich anfühlen würde, sie abzulegen. Dies ist der Wendepunkt, an dem Erfolg aufhört, ein Kampf zu sein, und beginnt, ein Spiegelbild Ihrer Identität zu sein.

Schnelle Mikrogewinne

1. **Testen Sie Ihre Autopilot-Gewohnheiten.** Versuchen Sie, eine Gewohnheit einen Tag lang auszulassen, um zu sehen, ob sie sich ungewohnt anfühlt. Wenn das der Fall ist, haben Sie die Gewohnheit erfolgreich in Ihre Routine integriert. Wenn nicht, verstärken Sie sie mit stärkeren Hinweisen.
2. **Erleichtern Sie eine Gewohnheit.** Verringern Sie den Widerstand, indem Sie die Schritte zwischen Ihnen und Ihrer Gewohnheit reduzieren. Wenn Sie Schwierigkeiten beim Schreiben haben, lassen Sie Ihr Dokument offen. Wenn Sie mehr lesen wollen, legen Sie ein Buch auf Ihr Kopfkissen.
3. **Verfolgen Sie, wie Ihre Anstrengung abnimmt.** Führen Sie jede Woche ein Protokoll darüber, wie schwer sich eine Gewohnheit anfühlt. Beobachten Sie mit der Zeit, wie Handlungen, die sich einst schwer anfühlten, mühelos werden.
4. **Ändern Sie Ihre Identität.** Anstatt zu sagen: "Ich muss trainieren", sagen Sie: "Ich bin jemand, der auf seinen Körper achtet." Die Art und Weise, wie Sie sich selbst definieren, prägt Ihre Gewohnheiten.
5. **Verwenden Sie Gewohnheitsverkettungen.** Verknüpfen Sie neue Verhaltensweisen mit automatischen Verhaltensweisen. Wenn Sie morgens immer Kaffee kochen, verketten Sie gleich danach eine kurze Meditationssitzung.

Wenn Gewohnheiten unsichtbar werden, ist Disziplin nicht länger ein Kampf, sondern ein natürlicher Teil Ihrer Persönlichkeit. Jetzt ist es an der Zeit, noch einen Schritt weiterzugehen und das Chaos in einen Verbündeten zu verwandeln.

Kapitel 7

Chaos als Katalysator

Die Menschen, die erfolgreich sind, sind nicht diejenigen, die das Chaos meiden - sie sind diejenigen, die es . Einige der größten Durchbrüche in der Geschichte geschahen nicht in einem kontrollierten Umfeld. Sie geschahen mitten in einer Krise, in Momenten des Drucks, in Situationen, in denen ein Scheitern unvermeidlich schien.*nutzen*

Die Katastrophe war die Geburtsstunde seines besten Werks. Im Jahr 1665 war Isaac Newton gezwungen, die Universität Cambridge zu verlassen, als die Große Pest in England wütete. Während andere in Panik gerieten, nutzte er die Zeit in der Isolation, um einige seiner bahnbrechendsten Ideen zu entwickeln, darunter die Gesetze der Bewegung und der universellen Gravitation. Was eine Zeit der Stagnation hätte sein können, wurde zu einer der produktivsten Zeiten in seinem Leben.Newton widerstand dem Chaos nicht - er verwandelte es in einen Impuls.

Wenn Sie auf perfekte Bedingungen warten, um Maßnahmen zu ergreifen, werden Sie nie vorankommen. Stattdessen können Sie lernen, Unordnung als Treibstoff für Kreativität, Anpassungsfähigkeit und Widerstandsfähigkeit zu nutzen.

Das Chaos umarmen

Albert Einstein entwickelte seine Relativitätstheorie, während er als Patentbeamter arbeitete, weit entfernt von der strukturierten akademischen Welt. J.K. Rowling schrieb *Harry Potter* als alleinerziehende Mutter und zwängte das Schreiben in chaotische Momente zwischen der Erziehung ihres Kindes und dem Kampf um den Lebensunterhalt. Die besten Ideen der Welt wurden nicht in perfekt kontrollierten Umgebungen geboren - sie wurden in unvorhersehbaren, chaotischen Realitäten geschmiedet.

Wenn Sie auf den "richtigen Zeitpunkt" gewartet haben, um ein Projekt zu beginnen, eine Gewohnheit zu entwickeln oder Ihr Leben zu ändern, warten Sie nicht länger. **Es gibt keinen perfekten Zeitpunkt.** Beginnen Sie jetzt, fangen Sie unordentlich an und passen Sie sich nach und nach an. Die Fähigkeit, zu handeln*trotz* Chaos , unterscheidet diejenigen, die erfolgreich sind, von denen, die nie anfangen.

Warum Unordnung die Innovation fördert

Uns wird beigebracht zu glauben, dass Erfolg durch Kontrolle, Organisation und strukturierte Pläne entsteht. Doch einige der größten Innovationen der Geschichte wurden aus geboren*Zwängen und Störungen* .

Steve Jobs, Mitbegründer von Apple, wurde einst aus dem Unternehmen, das er aufgebaut hatte, hinausgedrängt. Es war eine unerwartete, chaotische Wendung in seiner Karriere - aber anstatt sie als Sackgasse zu sehen, nutzte er sie, um sich neu zu erfinden. Während seiner Abwesenheit gründete er Pixar, das zu einem revolutionären Animationsstudio wurde, und entwickelte die Grundlage für das, was später der moderne Mac werden sollte.

Kreativität gedeiht in der Ungewissheit. Wenn die alten Regeln auseinanderfallen, entstehen neue Ideen. Anstatt sich dem Chaos zu widersetzen, sollten Sie es als kreativen Katalysator nutzen.

Versuchen Sie dies: Wenn Sie bei einem Problem nicht weiterkommen, **ändern Sie Ihre Umgebung**. Arbeiten Sie an einem neuen Ort, setzen Sie sich künstliche Zwänge (setzen Sie sich eine lächerliche Frist oder beschränken Sie sich auf fünf Wörter pro Idee) oder stellen Sie das Problem auf den Kopf und fragen Sie: *Was ist das Gegenteil von dem, was ich normalerweise tun würde?* Je chaotischer die Situation ist, desto mehr Raum für Durchbrüche gibt es manchmal.

Anpassungsfähigkeit übertrumpft Starrheit

Bei der Fähigkeit, diszipliniert zu bleiben, geht es nicht darum, um jeden Preis an einem Plan festzuhalten, sondern darum, sich anzupassen, wenn der Plan scheitert.

In den Anfangstagen von Airbnb hatte das Unternehmen Mühe, sich durchzusetzen. Die Gründer Brian Chesky und Joe Gebbia hatten einen einfachen Plan: Sie wollten Luftmatratzen in ihrer Wohnung an Besucher vermieten. Doch als das nicht klappte, mussten sie umdenken - immer und immer wieder. Irgendwann entwarfen und verkauften sie sogar Müsli mit Wahlthemen (Obama O's und Cap'n McCain's), nur um das Unternehmen über Wasser zu halten.

Die meisten Unternehmen wären unter dem Stress zusammengebrochen, aber ihre Anpassungsfähigkeit hat sie gerettet. Heute ist Airbnb Milliarden wert - nicht, weil alles nach Plan lief, sondern weil sie *sich angepasst haben*, als etwas schief lief.

Sehen Sie Störungen nicht als Hindernisse an, sondern betrachten Sie sie als Belastbarkeitstests. Wenn etwas kaputt geht, finden Sie einen neuen Ansatz. Wenn eine Gelegenheit verschwindet, wenden Sie sich einer anderen zu. Die diszipliniertesten Menschen sind nicht diejenigen, die niemals ihren Kurs ändern - sie sind diejenigen, die wissen, *wann* sie wechseln müssen, ohne den Schwung zu verlieren.

Versuchen Sie dies: Anstatt negativ auf unerwartete Veränderungen zu reagieren, fragen Sie: *Wie kann ich das für mich nutzen?* Flexibilität ist keine Schwäche. Sie ist eine Fähigkeit, die Disziplin nachhaltig macht.

Schärfung des Fokus unter Stress

Einige der besten Leistungen, Durchbrüche und kreativen Werke entstehen nicht in ruhigen Umgebungen, sondern in Momenten, in denen man unter Druck steht.

In der Welt der gehobenen Gastronomie ist Chefkoch Gordon Ramsay für seine Fähigkeit bekannt, sich im Chaos eines eiligen Abendessens nicht aus der Ruhe bringen zu lassen. Eine hektische Küche, sich stapelnde Bestellungen, Mitarbeiter, die sich mit hoher Geschwindigkeit bewegen - während andere unter Druck zusammenbrechen, blüht er darin auf. Statt sich überwältigen zu lassen, nutzt er den Stress, um sich zu konzentrieren, sein Bewusstsein zu schärfen und seine Reaktionen zu verbessern.

Stress kann Sie entweder erstarren lassen - oder Sie zwingen, sich zu konzentrieren. Der Schlüssel ist zu lernen, wie man ihn kanalisiert.

Versuchen Sie dies: Wenn Sie sich das nächste Mal überfordert fühlen, werden Sie **langsamer, anstatt schneller zu werden**. Atmen Sie tief durch, identifizieren Sie die wichtigste Sache, die Sie tun müssen, und konzentrieren Sie sich nur darauf. Nutzen Sie den

Druck nicht, um Ihre Aufmerksamkeit zu zerstreuen, sondern um Ihre Prioritäten zu schärfen.

Das Chaos muss Sie nicht entgleisen lassen - es kann Ihre größte Stärke sein. Wenn Sie lernen, mit der Unordnung zu arbeiten, anstatt gegen sie anzukämpfen, ist die Disziplin nicht mehr zerbrechlich, sondern unzerbrechlich.

Druckspiel

Die meisten Menschen brechen unter Druck zusammen. Fristen fühlen sich erdrückend an, unerwarteter Stress stört die Konzentration, und dringende Situationen erschweren es, klar zu denken. Aber was wäre, wenn Druck kein Hindernis wäre? Was wäre, wenn er genau das wäre, was Ihren Fokus schärft, Sie zum Handeln antreibt und Ihnen zu Höchstleistungen verhilft?

Der Unterschied zwischen denen, die erfolgreich sind, und denen, die es nicht sind, liegt nicht im Vorhandensein von Druck, sondern darin, wie sie ihn . Dringlichkeit kann, wenn sie richtig genutzt wird, eine starke Kraft sein, die Disziplin und Ausführung antreibt.*nutzen*

Entfesselte Dringlichkeit

Adrenalin schärft den Fokus. Das ist der Grund, warum Studenten vor Prüfungen die Nacht durchmachen, warum Kreative unter Druck in letzter Minute ihre beste Arbeit abliefern und warum Sportler in kritischen Momenten Höchstleistungen erbringen. Ihr Gehirn ist so verdrahtet, dass es auf Dringlichkeit reagiert.

Douglas Adams, der Autor von *Per Anhalter durch die Galaxis*, sagte einmal: "Ich liebe Fristen. Ich mag das zischende Geräusch, das sie *machen, wenn sie vorbeifliegen.*" Er scherzte zwar darüber, aber in Wahrheit zwangen ihn die Fristen zum Handeln. Einmal schrieb er einen Roman in nur drei Wochen und schloss sich mit seinem

Verleger in einem Hotelzimmer ein, um sicherzustellen, dass er fertig wird.

Druck schafft Konzentration. Sehen Sie ihn nicht als Feind an, sondern nutzen Sie ihn als *Ansporn*. Setzen Sie künstliche Fristen, auch wenn es keine gibt. Erhöhen Sie den Einsatz, auch wenn er nicht nötig ist. Gehen Sie eine Wette ein. Setzen Sie Ihr Geld aufs Spiel. Machen Sie es so schmerzhaft, Ihre Ziele nicht zu erreichen.

Das Chaos kanalisieren statt es zu bekämpfen

Es ist ein schmaler Grat zwischen Druck, der zum Handeln anregt, und Druck, der zum Burnout führt. Der Schlüssel ist eine kontrollierte Belastung. So wie ein Muskel durch wächst *progressive Überlastung* - *wenn* die Belastung allmählich erhöht wird -, so wächst auch die psychische Widerstandsfähigkeit, wenn Druck gemanagt und nicht vermieden wird.

Das Militär nutzt dieses Prinzip bei der Ausbildung von Spezialeinheiten. Die Soldaten werden absichtlich in Umgebungen mit hohem Stressfaktor - Schlafentzug, extreme Kälte, plötzlicher Lärm - eingesetzt, um reale Bedingungen zu simulieren. Mit der Zeit lernen sie, im Chaos ruhig zu bleiben. Der Druck überwältigt sie nicht mehr, er wird zur Normalität.

Sie brauchen keine militärische Ausbildung, um diese Fähigkeit zu entwickeln. Beginnen Sie damit, Ihre Routine mit kleinen Dosen kontrollierten Drucks zu ergänzen. Wenn es Ihnen schwer fällt, sich zu konzentrieren, versuchen Sie es mit einem Pomodoro-Timer - 25-Minuten-Sprints mit intensiver Arbeit, die Sie zu schnellen Fortschritten zwingen. Wenn Sie lernen wollen, unter Stress zu sprechen, üben Sie, kurze Vorträge vor Freunden zu halten, ohne sich vorzubereiten. Je mehr Sie sich dem kontrollierten Unbehagen aussetzen, desto weniger wird Sie das Chaos erschüttern, wenn es unerwartet auftaucht.

Zeitknappheit in Gewinne verwandeln

Nicht jeder Druck ist schlecht. Einige der produktivsten Menschen nutzen ihn sogar zu ihrem Vorteil, indem sie Fristen in strategische Instrumente umwandeln.

Nehmen wir den Journalisten Hunter S. Thompson. Bekannt für seine mitreißenden, energiegeladenen Texte, arbeitete er oft unter Zeitdruck. Anstatt in langen, langwierigen Sitzungen zu schreiben, nutzte er extreme Zeitvorgaben, um sich selbst zu höchster Konzentration zu zwingen. Seine Arbeit war nicht das Ergebnis endloser Vorbereitung, sondern das Ergebnis intensiver, konzentrierter Ausbrüche.

Sie können dasselbe tun. Wenn Ihnen ein Projekt zu umfangreich erscheint, unterteilen Sie es in kurze, hochintensive Sprints. Die so genannte **Work-Sprint-Methode** hilft Ihnen, die Zeitknappheit zu nutzen, ohne auszubrennen. Und so funktioniert sie:

1. Setzen Sie sich ein 90-Minuten-Tempo, um eine bestimmte Aufgabe mit voller Konzentration zu erledigen.

2. Legen Sie anschließend eine 15-minütige Pause ein, um sich zu erholen.

3. Wiederholen Sie bis zu drei Zyklen pro Tag für eine tiefe, effiziente Arbeit.

Diese Methode sorgt dafür, dass Sie Ihre hohe Energie und geistige Schärfe beibehalten, während Sie gleichzeitig den Druck zur Leistungssteigerung nutzen. Anstatt Fristen als Stressfaktoren zu betrachten, verwandeln Sie sie in strukturierte Herausforderungen, die die Effizienz maximieren.

Chaos und Dringlichkeit müssen Sie nicht entgleisen lassen. Richtig eingesetzt, können sie zu den besten Werkzeugen für Konzentration,

Dynamik und Spitzenleistungen werden. Der Schlüssel dazu ist, sich nicht länger gegen Druck zu wehren, sondern ihn zu nutzen.

Einziehungsvorschriften

Bei Disziplin geht es nicht nur darum, voranzukommen, sondern auch darum, zu wissen, wie man *sich erholt*, wenn etwas schiefgeht. Niemand läuft ständig zu Höchstleistungen auf. Selbst die diszipliniertesten Menschen erleben Rückschläge, Burnout und Unterbrechungen. Der Unterschied zwischen denen, die erfolgreich sind, und denen, die es nicht sind, besteht nicht darin, ob sie mit Hindernissen konfrontiert werden, sondern darin, wie schnell sie sich davon erholen.

Spitzensportler, Führungskräfte und Leistungsträger trainieren nicht nur hart - sie **erholen sich auch hart**. Sie verfügen über Systeme, die es ihnen ermöglichen, sich von Stress zu erholen, neue Energie zu schöpfen und Misserfolge in Sprungbretter für den Erfolg zu verwandeln. Anstatt Rückschläge als Versagen zu betrachten, sehen sie sie als *Teil des Prozesses* an.

Das Ziel ist nicht Perfektion, sondern *Widerstandsfähigkeit*. Je schneller man sich erholt, desto schneller kommt man wieder in Schwung.

Wie man sich schnell von Störungen erholt

Resilienz ist keine angeborene Eigenschaft - sie ist eine trainierbare Fähigkeit. Bei der Fähigkeit, wieder auf die Beine zu kommen, geht es nicht darum, Misserfolge zu vermeiden, sondern darum, zu wissen, wie man *sich schneller erholt* jedes Mal.

Bei den Olympischen Winterspielen 2006 musste der Eisschnellläufer Apolo Ohno einen schweren Rückschlag hinnehmen. Auf der Zielgeraden des 1.000-Meter-Laufs war er in perfekter Position, um Gold zu gewinnen - bis ein Sturz die meisten Läufer, darunter auch ihn, auslöschte. Anstatt aufzugeben, rappelte sich Ohno in Sekundenschnelle wieder auf und überquerte die Ziellinie, um Silber zu gewinnen. Seine Reaktionsschnelligkeit und seine Fähigkeit, sich vom Chaos zu erholen, prägten seine Karriere und brachten ihm acht olympische Medaillen ein.

Schnelle Erholung ist eine Fähigkeit, die geübt werden kann. Je länger Sie nach einem Rückschlag am Boden bleiben, desto schwieriger wird es, wieder aufzustehen. Anstatt sich durch eine Unterbrechung aus dem Konzept bringen zu lassen, sollten Sie sofort mit einem kleinen Erfolg wieder durchstarten.

- Wenn Sie ein Training verpassen, machen Sie fünf Liegestütze.
- Wenn Ihr Zeitplan durcheinander gerät, erledigen Sie eine kleine Aufgabe.
- Wenn Sie eine Gewohnheit unterbrechen, fangen Sie noch am selben Tag damit an.

Der Schlüssel zur Disziplin liegt nicht im Vermeiden von Hindernissen, sondern darin, sich nicht von ihnen aufhalten zu lassen.

Warum Ruhe ein Teil der Disziplin ist

Die meisten Menschen betrachten Ruhe als etwas, das man tut, *nachdem* man hart gearbeitet hat, aber die diszipliniertesten Menschen wissen, dass Ruhe der Treibstoff für Spitzenleistungen ist. Burnout entsteht nicht, weil man zu hart arbeitet, sondern weil man sich nicht richtig erholt.

Arianna Huffington, Mitbegründerin *der Huffington Post*, brach einmal vor Erschöpfung an ihrem Schreibtisch zusammen. Sie hatte sich selbst bis zum Äußersten getrieben und war mit einem Minimum an Schlaf und einem Maximum an Stress ausgekommen. Dieser Moment zwang sie dazu, ihren Ansatz neu zu bewerten. Sie wurde zu einer Verfechterin von Ruhe als Wettbewerbsvorteil und bewies, dass nachhaltiger Erfolg von strukturierter Erholung abhängt.

Die besten Sportler arbeiten nicht nur intensiv, sondern **erholen sich auch bewusst**. Erholung auf hohem Niveau beinhaltet:

- **Konsequente Schlafdisziplin** (Aufwachzeiten, keine Bildschirme vor dem Schlafengehen)
- **Körperliche Resets** (Bewegung, Dehnung oder Atemübungen zum Stressabbau)
- **Mentale Erholung** (Tagebuchführung, Achtsamkeit oder gezielte Pausen zur Vermeidung von Überlastung)

Behandeln Sie die Erholung nicht als Belohnung, sondern planen Sie sie wie einen Leistungsträger ein. Je strukturierter Ihre Erholung ist, desto nachhaltiger wird Ihre Disziplin.

Rückschläge in Sprungbretter verwandeln

Scheitern ist nicht etwas, das man sollte *hinter sich lassen - es* ist etwas, man *aus dem lernen kann*. Einige der erfolgreichsten Menschen in der Geschichte sind öfter gescheitert als andere, aber was sie auszeichnete, war ihre Fähigkeit, diese Misserfolge in zu verwandeln**Treibstoff für zukünftige Erfolge** .

Nach dem Start von SpaceX musste Elon Musk zwei katastrophale Raketenausfälle hinnehmen, die jeweils Millionen von Dollar kosteten. Die meisten Menschen hätten dies als karrierebeendende Verluste angesehen. Stattdessen behandelte er sie als Datenpunkte - er lernte aus jedem Fehler, passte sich an und verbesserte sich. Sein nächster Start? Ein Durchbruch.

Jeder Rückschlag enthält eine Lektion, ein Muster oder eine Fehlkalkulation, die es zu korrigieren gilt. Das Problem ist, dass die meisten Menschen sich entweder mit Misserfolgen aufhalten oder sie völlig ignorieren. Der Schlüssel zur kontinuierlichen Verbesserung liegt darin, aus jeder Herausforderung spezifische, umsetzbare Lehren zu ziehen.

Nutzen Sie diese **Chaos-Nachbesprechung** zur Analyse von Rückschlägen:

1. **Was ist passiert?** Ermitteln Sie die Grundursache.
2. **Was hätte ich anders machen können?** Nennen Sie den Fehler.
3. **Was ist mein nächster Schritt?** Verwandeln Sie Misserfolge in eine *gezielte* Anpassung.

Anstatt Misserfolge zu fürchten, sollten Sie sie als Feedback nutzen. In jedem Fehler steckt ein Schlüssel zu künftigem Erfolg - wenn Sie bereit sind, danach zu suchen.

Schnelle Mikrogewinne

1. **Setzen Sie mit einem Mikro-Sieg zurück.** Wenn Sie aus der Spur geraten sind, tun Sie *etwas Kleines*, um den Schwung wiederherzustellen. Wenn Sie ein komplettes Training verpassen, machen Sie eine 30-sekündige Planke. Wenn Sie eine Schreibpause einlegen, schreiben Sie einen Satz. Kleine Erfolge verhindern eine Abwärtsspirale.
2. **Schaffen Sie ein persönliches Reset-Ritual.** Legen Sie sich eine feste Erholungsgewohnheit zu - einen Spaziergang, tiefes Atmen oder fünf Minuten Tagebuchschreiben -, um von der Frustration wieder zur Konzentration zu gelangen.

3. **Verwandeln Sie Misserfolge in Daten.** Sehen Sie Fehler nicht als persönliche Schwächen an, sondern behandeln Sie sie wie ein Experiment. Fragen Sie: "Was habe ich daraus gelernt? Passen Sie sich an, und gehen Sie dann weiter.
4. **Legen Sie Wert auf tiefe Erholung.** Schlaf, mentale Erholung und körperliche Pausen sind kein Luxus - sie sind für langfristige Disziplin unerlässlich. Planen Sie sie ein, *bevor* Sie sie brauchen.
5. **Verringern Sie die Zeitspanne zwischen Fehler und Aktion.** Je kürzer die Zeitspanne zwischen einem Fehler und Ihrem nächsten Schritt ist, desto schneller kommen Sie voran. Beginnen Sie, wenn möglich, immer am gleichen Tag neu.

Bei der Disziplin geht es nicht nur darum, voranzukommen, sondern auch darum, zu wissen, wie man *sich zurückzieht, auflädt und wieder aufbaut*. Die Fähigkeit, sich schnell zu erholen, unterscheidet diejenigen, die ausbrennen, von denen, die beständig bleiben. Es ist der Unterschied zwischen Gewinnen und Aufgeben.

Nun stellt sich die Frage: Wie können Sie **Ihre Disziplin skalieren**, um größere Herausforderungen zu bewältigen, ohne zusammenzubrechen?

Kapitel 8

Das Geheimnis der Skalierung

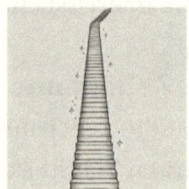

Bei der Skalierung der Disziplin geht es nicht darum, alles auf einmal zu tun, sondern darum, strategisch zu wachsen. Die Menschen, die außergewöhnliche Ergebnisse erzielen, beginnen nicht mit großen Gesten, sondern fangen klein an und expandieren allmählich. Eine einzige Disziplin kann im Laufe der Zeit ein ganzes Imperium aufbauen.

Amazon begann als kleiner Online-Buchladen. Warren Buffett tätigte seine erste Investition im Alter von 11 Jahren mit nur drei Aktien. Serena Williams' Karriere begann mit einfachen Übungen auf einem öffentlichen Tennisplatz. Keiner von ihnen hat seinen Erfolg über Nacht erreicht. Stattdessen haben sie ihre Fähigkeiten, Gewohnheiten und Routinen schrittweise ausgebaut.

Der Schlüssel zu nachhaltigem Wachstum ist eine schrittweise Expansion. Anstatt sich selbst mit großen Sprüngen zu überwältigen, wachsen Sie in Stufen. Bauen Sie kleine Erfolge zu etwas viel Größerem auf.

Amplify Small

Große Ziele erfordern keine großen Aktionen. Sie erfordern konsequente Maßnahmen, die allmählich an Intensität gewinnen.

Denken Sie an die Fitness. Ein Anfänger, der vom ersten Tag an ein fortgeschrittenes Trainingsprogramm versucht, wird wahrscheinlich aufgeben. Aber jemand, der mit einem Liegestütz pro Tag beginnt und die Anstrengung langsam steigert, kann mit der Zeit echte Stärke aufbauen.

Eine der besten Möglichkeiten, Gewohnheiten zu ändern, ist die schrittweise Einführung:

- Beginnen Sie mit einer **Mikroversion** Ihres Ziels - ein Liegestütz, eine Seite schreiben, eine Minute meditieren.
- Erhöhen Sie die Leistung um **5-10 % pro Woche**, anstatt drastische Sprünge zu machen.
- Verfolgen Sie kleine Meilensteine, anstatt sofortige Veränderungen zu erwarten.

Ein Anleger, der mit ein paar Dollar pro Woche anfing, baute nach diesem Prinzip schließlich ein sechsstelliges Portfolio auf. Anstatt voll einzusteigen, schraubte er seine Investitionen langsam zurück, so dass sich Disziplin und Wissen parallel zu seinen Finanzen entwickeln konnten.

Indem man Mikrogewohnheiten über einen längeren Zeitraum hinweg ausdehnt, werden kleine Handlungen zu bedeutenden Veränderungen.

Stapel-Skalierung

Das Geheimnis müheloser Disziplin besteht nicht nur darin, Gewohnheiten zu entwickeln, sondern auch darin, sie zu festigen.

Sobald eine Gewohnheit automatisch wird, dient sie als Anker für die nächste.

Athleten nutzen dieses Prinzip bei der Strukturierung ihres Trainings. Anstatt wahllos Trainingseinheiten hinzuzufügen, kombinieren sie sich ergänzende Übungen - Krafttraining mit Beweglichkeitsübungen, Ausdauertraining mit Schnelligkeitstraining. Jede Schicht unterstützt die nächste.

Die Skalierung der Disziplin funktioniert auf die gleiche Weise. Sobald eine Gewohnheit gefestigt ist, wird sie zur Grundlage für eine andere.

Eine Mutter, die Schwierigkeiten hatte, Zeit zum Lesen zu finden, begann, Hörbücher zu hören, während sie die Wäsche zusammenlegte. Diese kleine Veränderung ermöglichte es ihr, mehr Bücher zu lesen, ohne ihren Tagesablauf zu unterbrechen. Im Laufe der Zeit kamen weitere Gewohnheiten hinzu: Nach jedem Buch schrieb sie ein Tagebuch, in dem sie die wichtigsten Erkenntnisse zusammenfasste und dann mit ihren Kindern teilte. Die Gewohnheit entwickelte sich auf natürliche Weise, statt sich gezwungen zu fühlen.

Gewohnheiten nahtlos skalieren:

1. Suchen Sie sich eine bereits bestehende Gewohnheit - Kaffee trinken, Zähne putzen, E-Mails abrufen.
2. Legen Sie sich eine kleine Gewohnheit zu - dehnen Sie sich nach dem Aufwachen, schreiben Sie einen Satz, bevor Sie Ihre E-Mails abrufen.
3. Weiten Sie die Gewohnheit allmählich aus und legen Sie eine weitere Schicht an, sobald sie zur zweiten Natur geworden ist.

Dieser Ansatz beugt Burnout vor und ermöglicht eine mühelose Entwicklung der Disziplin.

Kleine Anpassungen, große Ergebnisse

Bei der Skalierung geht es nicht immer darum, mehr zu tun - es geht darum, das, was man bereits tut, so zu optimieren, dass es exponentiell effektiver wird.

Ein erfolgloser Autor könnte zum Beispiel versuchen, doppelt so viele Wörter pro Tag zu schreiben, und scheitert an seinem Burnout. Aber wenn er seine Effizienz nur um zehn Prozent pro Tag verbessert - indem er mit weniger Ablenkungen schreibt und seinen Prozess verfeinert -, könnte er seinen Output in einigen Monaten ohne zusätzlichen Stress verdoppeln.

Das gleiche Prinzip gilt überall:

- Ein Musiker, der die Intensität des Übens erhöht, anstatt die Übungszeit zu verlängern.
- Ein Investor, der seine Strategie optimiert, anstatt mehr Kapital zu investieren.
- Ein Unternehmer, der seine Arbeitsabläufe verfeinert, anstatt länger zu arbeiten.

So wenden Sie diese Strategie an:

1. Wählen Sie einen Schlüsselbereich, den Sie verbessern wollen - Effizienz, Geschwindigkeit, Genauigkeit, Ausdauer.
2. Nehmen Sie eine **Mikroanpassung vor - optimieren Sie die** Technik, beseitigen Sie Reibungen, verbessern Sie den Fokus.
3. Verfolgen Sie die Leistung und verfeinern Sie den Prozess.

Anstatt sich selbst zu überfordern, sollten Sie an den kleinen Details feilen. Mit der Zeit werden sich diese kleinen Verbesserungen zu großen Durchbrüchen summieren. Verbringen Sie Zeit damit, Werkzeuge wie mentale Modelle und künstliche Intelligenz zu erforschen oder einfach online nach Lösungen zu suchen. In den meisten Fällen sind Sie nur eine Suche von Ihren Lösungen entfernt.

Der Multiplikatoreffekt

Echte Disziplin bleibt nicht nur in einem Bereich Ihres Lebens - sie wirkt sich auf unerwartete Weise auf die Ergebnisse aus. Wenn Sie sich in einem Bereich verbessern, wirken sich die Vorteile auch auf andere Bereiche aus.

Eine disziplinierte Fitnessroutine stärkt nicht nur die Muskeln, sondern schärft auch die Konzentration, steigert die Energie und stärkt das Selbstvertrauen. Finanzielle Disziplin führt zu einer besseren Entscheidungsfindung in anderen Bereichen des Lebens. Eine konsequente Lesegewohnheit verbessert das Gedächtnis, die Kreativität und sogar die soziale Intelligenz.

Bei der Skalierung geht es nicht nur darum, mehr zu tun - es geht darum, eine zu schaffen*Dynamik*, die alles einfacher macht.

Lebensübergreifende Links

Manche Gewohnheiten sind nicht nur für sich genommen von Vorteil, sondern dienen als *Schlüsselgewohnheiten*, die mehrere Aspekte des Lebens gleichzeitig verbessern.

Arnold Schwarzenegger hat seine Karriere nicht nur auf Bodybuilding aufgebaut. Seine Disziplin beim Training schlug sich in seinem Erfolg als Schauspieler, Unternehmer und Politiker nieder. Die mentale Stärke, die erforderlich ist, um zermürbende

Trainingseinheiten durchzustehen, wurde zur Grundlage für seine Arbeitsmoral in jedem anderen Bereich.

Ein Cross-Link-Planer kann dabei helfen, herauszufinden, welche Gewohnheiten über mehrere Bereiche hinweg den größten Nutzen haben:

- **Bewegung steigert die Produktivität.** Studien zeigen, dass regelmäßiges Training die Konzentration, die Entscheidungsfindung und die kognitive Leistung verbessert.
- **Lesen schärft die Problemlösungskompetenz.** Menschen, die täglich lesen, entwickeln ein stärkeres analytisches Denken, was sich positiv auf Arbeit, Kommunikation und Kreativität auswirkt.
- **Finanzielle Disziplin stärkt die Geduld.** Wenn man lernt, die Befriedigung beim Geldausgeben hinauszuzögern, wirkt sich das auch auf die berufliche Entwicklung, auf Beziehungen und die Festlegung langfristiger Ziele aus.

Wenn Sie eine Gewohnheit identifizieren, die weitreichende Auswirkungen hat, können Sie Ihre Disziplin mit viel weniger Aufwand auf verschiedene Bereiche ausdehnen.

Wie sich kleine Gewinne mit der Zeit vervielfachen

Wachstum ist nicht linear - es ist exponentiell. Eine Verbesserung von einem Prozent jeden Tag führt nicht zu einer geringen Steigerung. Mit der Zeit ergeben sich daraus massive Gewinne.

Der Unterschied zwischen jemandem, der täglich 5 Dollar spart, und jemandem, der dieses Geld gedankenlos ausgibt, mag gering erscheinenim Moment , aber über ein Jahrzehnt hinweg baut der Sparer eine finanzielle Sicherheit auf, während der Verschwender stagniert.

So funktionieren kleine Verbesserungen in der Disziplin. Die ersten Ergebnisse mögen unsichtbar sein, aber sobald sie eine erreichen*kritische Masse* , explodiert der Fortschritt.

Denken Sie an die Geschichte von Ronald Read, einem Hausmeister und Tankwart, der ein Vermögen von 8 Millionen Dollar angehäuft hat - nicht durch Glück, sondern indem er im Laufe der Zeit immer wieder kleine Beträge investierte. Er hat nicht versucht, aggressiv zu expandieren. Stattdessen steigerte sich seine Disziplin zu etwas, das viel größer war, als irgendjemand erwartet hatte.

Das gleiche Prinzip gilt für jede Gewohnheit. Ein Schriftsteller, der sich jeden Monat um zehn Prozent verbessert, wird seinen Output in weniger als einem Jahr verdoppeln. Ein Sportler, der seine Ausdauer jede Woche geringfügig steigert, wird mit der Zeit seine Konkurrenten übertreffen.

Eine **Multiplikatorkarte** kann helfen, dies zu visualisieren:

1. Bestimmen Sie eine Gewohnheit, die Sie bereits ausüben.
2. Steigern Sie Ihre Anstrengungen jede Woche um einen kleinen, messbaren Prozentsatz.
3. Verfolgen Sie die Fortschritte über einen langen Zeitraum, nicht nur kurzfristige Erfolge.

Die meisten Menschen geben zu früh auf, weil sie keine unmittelbaren Ergebnisse sehen. Der Schlüssel ist die Erkenntnis, dass echte Fortschritte *schneller eintreten - aber* nur, wenn man lange genug dranbleibt.

. . .

Wie andere Ihre Disziplin verstärken

Die Skalierung erfolgt nicht nur durch persönliche Anstrengungen, sondern auch durch **soziale Impulse**. Die richtigen Leute können Ihre Disziplin verstärken, während die falschen Einflüsse sie sabotieren können.

Deshalb umgeben sich Spitzenkräfte mit anderen, die sie zu Höchstleistungen antreiben. Erfolgreiche Unternehmer vernetzen sich mit anderen engagierten Menschen. Spitzensportler trainieren in einem wettbewerbsorientierten Umfeld. Schriftsteller und Kreative suchen sich Partner, die sie unterstützen.

Eine Studie über die Entstehung von Gewohnheiten hat ergeben, dass **Menschen, die ihre Ziele in einer unterstützenden Gemeinschaft verfolgen, viel eher dazu bereit sind, konsequent zu bleiben**.

Das richtige Umfeld beschleunigt das Wachstum:

- Freunde, denen die Gesundheit wichtig ist, machen es leichter, die Fitness aufrechtzuerhalten.
- An einem Arbeitsplatz, an dem Konzentration groß geschrieben wird, fühlt sich gründliche Arbeit ganz natürlich an.
- Eine Gruppe, die gemeinsam liest, fördert das lebenslange Lernen.

In den 1950er Jahren gründeten sechs Freunde in Omaha, Nebraska, eine Investmentgruppe namens "Buffett Partnership". Einer dieser Freunde? Warren Buffett. Der Umgang mit finanziell disziplinierten Menschen trug dazu bei, seine Anlagephilosophie zu schärfen, und brachte ihn auf den Weg, der größte Investor der Welt zu werden.

Um das Netzwerk zu stärken:

1. **Finden Sie Gleichgesinnte**, die ähnliche Gewohnheiten haben.
2. **Schaffen Sie Verantwortlichkeit - wöchentliche** Kontrollen, gemeinsame Herausforderungen oder freundschaftliche Wettbewerbe.
3. **Helfen Sie auch anderen beim Skalieren - indem** Sie lehren und ermutigen, stärken Sie Ihre eigene Disziplin.

Gemeinsam wird der Fortschritt beschleunigt.

Nachhaltigkeitswandel

Wachstum ist aufregend. Fortschritt macht süchtig. Aber unkontrolliertes Wachstum kann zum Zusammenbruch führen, wenn man nicht weiß, wann man innehalten, auftanken und den Schwung beibehalten muss.

Viele Leistungsträger setzen sich zu sehr unter Druck, in der Annahme, dass mehr Anstrengung auch mehr Ergebnisse bedeutet. In Wirklichkeit aber führt Überlastung zu Burnout, Niedergang und sogar zum Aufgeben. Der Schlüssel zum langfristigen Erfolg liegt nicht nur in der Beschleunigung, sondern auch darin, zu wissen, wann man sich zurückhalten und erholen muss.

Bei der Skalierung geht es nicht nur darum, mehr zu tun, sondern auch darum, das Tempo so zu wählen, dass die Leistung auf lange Sicht erhalten bleibt.

Wissen, wann man das Wachstum stoppen sollte

Ein zu schnelles Wachstum ohne Struktur führt oft zu **sinkenden Erträgen**. Ein Unternehmen, das zu schnell über seine Kapazität hinaus expandiert, wird unter dem Gewicht seines eigenen

Das Geheimnis der Skalierung 111

Wachstums zusammenbrechen. Dasselbe gilt für die persönliche Disziplin: Wenn Sie Ihre Grenzen überschreiten, leiden Ihre Gewohnheiten, und die Beständigkeit bröckelt.

Elon Musk ist für seine extreme Arbeitsmoral bekannt, aber selbst er hat zugegeben, dass langfristige Überarbeitung ihren Preis hat. In den Anfangstagen von Tesla schlief er im Büro und arbeitete fast 120 Stunden pro Woche. Darunter litten schließlich seine Gesundheit und seine Entscheidungsfähigkeit. Später reduzierte er sein Arbeitspensum und betonte, dass anhaltende Produktivität intelligentere Anstrengungen erfordert, nicht nur härtere Arbeit.

Um ein Durchbrennen zu verhindern, sollten Sie ein verwendenLastkontrollsystem :

- Wenn die Motivation stark nachlässt, sollten Sie eine Pause einlegen und die Arbeitsbelastung überprüfen.
- Wenn die Leistung trotz der Anstrengung nachlässt, sollten Sie das Tempo anpassen, anstatt sich noch mehr anzustrengen.
- Wenn sich Erschöpfung einstellt, planen Sie eine Erhaltungsphase ein, anstatt zu wachsen.

Skalierung bedeutet nicht, dass man immer mit voller Kraft expandieren muss. Kluge Disziplin bedeutet, zu wissen, wann man vor dem nächsten Sprung nach vorn innehalten sollte.

Warum Erholung der Schlüssel zur Langlebigkeit ist

In der Leichtathletik trainieren die Besten nicht einfach nur hart - sie ruhen sich strategisch aus. Die Trainer bauen aktive Erholungsphasen ein, um Verletzungen vorzubeugen und Spitzenleistungen zu erhalten.

Die Wissenschaft unterstützt diesen Ansatz. Studien zeigen, dass kurze Pausen die Produktivität um bis zu 30 % steigern, während eine längere Überarbeitung zu einer Verringerung der Erträge führt. Selbst in kreativen Bereichen sind Pausen unerlässlich. Salvador Dalí, einer der berühmtesten surrealistischen Maler, machte absichtlich kurze Nickerchen, um seinen Geist frisch zu halten und seine Ideen zu fördern.

Ein ausgewogener **Pausenrhythmus** umfasst:

- Mikropausen über den Tag verteilt, um sich neu zu konzentrieren.
- Bewusste Pausen nach Phasen intensiver Arbeit.
- Vollständige Erholungstage zur Vermeidung von Burnout.

Sehen Sie Ruhepausen als Leistungsmultiplikator, anstatt sie zu fürchten. Die Besten arbeiten nicht nur hart - sie erholen sich genauso hart.

Stabilität in Stärke verwandeln

Die meisten Menschen sehen Plateaus als Versagen an, aber in Wirklichkeit sind Plateaus der Ort, an dem Stärke aufgebaut wird.

Ein Langstreckenläufer steigert seine Laufleistung nicht unbegrenzt. Sie halten sich auf einem bestimmten Niveau, bevor sie einen neuen Versuch starten. Diese Erhaltungsphase ermöglicht es dem Körper, sich anzupassen, sich zu verändern und sich auf die nächste Herausforderung vorzubereiten.

Bruce Lee, einer der diszipliniertesten Kampfsportler aller Zeiten, hat nicht jeden Tag mit maximaler Intensität trainiert. Er baute Ruhepausen und Reflexion in seinen Prozess ein, weil er wusste, dass ein zu intensives Training zu Verletzungen und Stagnation führen

Das Geheimnis der Skalierung

würde. Er wusste, dass Fortschritte in Wellen auftreten und dass Plateaus ein wesentlicher Bestandteil der Meisterschaft sind.

Um den Erfolg zu erhalten:

- **Erkennen Sie, dass Innehalten kein Versagen ist - es** ist eine Strategie.
- **Nutzen Sie Plateaus, um Ihre Fähigkeiten zu verbessern**, anstatt Ihre Bemühungen aufzugeben.
- **Bereiten Sie sich auf die nächste Wachstumsphase vor**, indem Sie die Konsistenz wahren.

Bei der Skalierung geht es nicht nur um Geschwindigkeit, sondern auch um Nachhaltigkeit. Die Besten sind diejenigen, die wissen, wann sie pushen und wann sie pausieren müssen.

Schnelle Mikrogewinne

1. **Legen Sie eine Erhaltungsphase fest.** Anstatt immer weiter voranzukommen, planen Sie Zeiträume ein, in denen Sie sich nur darauf konzentrieren, Fortschritte zu erzielen. Das verhindert Burnout und stärkt die Disziplin.
2. **Verfolgen Sie den Aufwand, nicht nur die Ergebnisse.** Wenn die Leistung trotz Anstrengung abnimmt, sollten Sie Ihr Arbeitspensum neu bewerten, bevor Sie mehr Leistung erzwingen.
3. **Wenden Sie die 80%-Regel an.** Wenn Sie sich erschöpft fühlen, arbeiten Sie mit 80 % Ihrer Kapazität, anstatt ganz aufzuhören. Kleine Anstrengungen verhindern Rückschritte.
4. **Planen Sie proaktive Erholung.** Warten Sie nicht bis

zum Burnout, sondern planen Sie Ruhephasen im Voraus - so wie es Spitzensportler tun.

5. **Definieren Sie Plateaus als Vorbereitung neu.** Wenn Sie das Gefühl haben, dass Sie nicht weiterkommen, konzentrieren Sie sich darauf, Ihre Fähigkeiten zu verbessern, statt Gewohnheiten aufzugeben.

Skalieren wie ein Profi bedeutet zu wissen, wann man beschleunigen und wann man durchhalten muss. Beim Wachstum geht es nicht darum, immer aufs Ganze zu gehen - es geht darum, lange genug durchzuhalten, um die höchste Stufe zu erreichen.

Kapitel 9

Der ewige Rahmen

Manche Menschen leuchten ein paar Jahre lang hell auf und verblassen dann. Andere bleiben über Jahrzehnte konstant und werden mit zunehmendem Alter stärker, schärfer und disziplinierter. Der Unterschied? Sie jagen nicht dem schnellen Erfolg hinterher, sondern bauen eine Grundlage auf, die ein Leben lang hält.

Bei Disziplin geht es nicht nur darum, was Sie heute tun, sondern auch darum, dass sich Ihre Gewohnheiten im Laufe der Zeit weiterentwickeln, aufrechterhalten und verstärken lassen. Bei Langlebigkeit geht es nicht darum, *eine* Routine für immer beizubehalten. Es geht darum, Systeme zu entwickeln, die sich an die Veränderungen im Leben anpassen und gleichzeitig die Grundprinzipien intakt halten.

Mit 80 Jahren wacht Warren Buffett immer noch jeden Morgen zur gleichen Zeit auf, liest stundenlang und folgt den gleichen täglichen Investitionsgewohnheiten, die er in seiner Jugend entwickelt hat. Seine Methoden haben sich weiterentwickelt, aber das Fundament bleibt unverändert. Das ist die Stärke eines dauerhaften Rahmens.

Lebenslange Schleifen

Bei Disziplin geht es nicht darum, sich für immer an starre Regeln zu halten - es geht darum, Anpassungen vorzunehmen, die es ermöglichen, dass Gewohnheiten mit Ihnen wachsen.

Beispiel Fitness. Eine Person, die in ihren 30ern mit intensivem Training aufblüht, muss in ihren 60ern vielleicht auf ein sanftes Krafttraining umsteigen, um sich ohne Verletzungen bewegen zu können. Der Schlüssel liegt nicht darin, zu tunewig , sondern die Gewohnheit auf eine Weise am Leben zu erhalten, die zu Ihrer Lebensphase passt.*dasselbe*

Ein 82-Jähriger namens Ed Whitlock brach alle Rekorde im Langstreckenlauf und wurde der älteste Mensch, der einen Marathon unter vier Stunden lief. Aber er trainierte mit 80 Jahren nicht mehr so wie mit 40 Jahren. Anstatt hochintensive Trainingseinheiten zu absolvieren, passte er sich an, indem er jeden Tag stundenlang in einem langsamen, nachhaltigen Tempo lief und so bewies, dass Beständigkeit auf Dauer besser ist als Intensität.

Um sicherzustellen, dass Ihre Disziplin von Dauer ist, sollten Sie Flexibilität in Ihre Routinen einbauen:

- Wenn sich eine Gewohnheit als nicht nachhaltig erweist, sollten Sie sie an Ihr Energieniveau anpassen.
- Wenn körperliche Einschränkungen auftreten, sollten Sie alternative Wege finden, um Disziplin zu üben.
- Wenn sich die Lebensumstände ändern, passen Sie Ihre Routinen an, anstatt sie aufzugeben.

Disziplin sollte zukunftssicher sein - so konzipiert, dass sie auch dann Bestand hat, wenn sich die Umstände ändern.

. . .

Der ewige Rahmen

Die unerschütterlichen Säulen der Disziplin

Viele Gewohnheiten werden sich im Laufe der Zeit weiterentwickeln, aber einige sollten bleiben unverhandelbar - **die** zentralen Anker, die Ihnen Halt geben, egal, was sich um Sie herum ändert.

Mit 98 Jahren geht die weltbekannte Neurologin Dr. Brenda Milner immer noch jeden Tag zur Arbeit. Ihre Gedächtnisforschung hat die moderne Neurowissenschaft geprägt, und ihr Engagement für intellektuelles Wachstum hat nie nachgelassen. Ihre Karriere hat sich weiterentwickelt, aber ihr zentraler Anker - das lebenslange Lernen - ist intakt geblieben.

Der Schlüssel zum langfristigen Erfolg liegt nicht darin, *alles beizubehalten, sondern* zu wissen, welche Gewohnheiten *zu wertvoll sind, um sie aufzugeben*. Das sind die Anker, die man nie aufgeben sollte, egal was passiert.

Eine **Liste für immer** hilft, diese zu identifizieren:

- Bei welchen Routinen fühlen Sie sich am konzentriertesten, gesündesten oder schärfsten?
- Welche Gewohnheiten haben Ihnen langfristig den größten Nutzen gebracht?
- Welche Praktiken geben Ihnen Halt, egal wie sich das Leben verändert?

Ihre zentralen Anker werden Sie durch jede Lebensphase tragen. Warren Buffett "steppt" immer noch zur Arbeit. Finden Sie, was Sie lieben, und hören Sie nicht auf. Zuerst treiben Sie Ihre Disziplin an. Dann treibt Ihre Disziplin Sie an.

Der Schlüssel zur Langlebigkeit in der Disziplin

Einer der Hauptgründe, warum Menschen ihre Disziplin verlieren, liegt nicht in mangelnder Willenskraft, sondern darin, dass sie sich nicht anpassen können, wenn sich das Leben verändert.

Ein frischgebackenes Elternteil, das früher täglich 30 Minuten meditiert hat, kann sich diesen Luxus vielleicht nicht mehr leisten. Aber anstatt aufzuhören, könnten sie sich auf fünfminütige Meditationen einstellen, während das Baby schläft.

Eine Führungskraft, die in den Ruhestand geht, hat vielleicht Probleme mit der Struktur. Anstatt ihre Routine zu verlieren, können sie ihre Disziplin auf persönliche Projekte oder neue Lernmöglichkeiten ausrichten.

Diejenigen, die sich am längsten disziplinieren, finden am ehesten kreative Wege, sich umzuorientieren, anstatt aufzugeben.

Als der japanische Pädagoge und Philosoph Shigeaki Hinohara 75 Jahre alt wurde, gestaltete er sein Leben so um, dass Gesundheit, Bewegung und tägliche geistige Anregung im Vordergrund standen. Er wurde 105 Jahre alt und arbeitete und schrieb bis zum Schluss. Sein Geheimnis? Er passte seine Gewohnheiten mit jedem Jahrzehnt an und hielt die Disziplin in verschiedenen Formen am Leben.

Ein **Pivot-Playbook** hilft bei der Vorbereitung auf die Übergänge im Leben:

1. **Erkennen Sie, welche größeren Veränderungen bevorstehen** (berufliche Veränderungen, Alterung, familiäre Veränderungen).
2. **Definieren Sie Routinen neu - wenn** etwas nicht mehr passt, passen Sie es an, anstatt es aufzugeben.
3. **Bleiben Sie den Grundwerten verpflichtet die** - *Form* der Disziplin mag sich ändern, aber die *Grundsätze* bleiben.

Der ewige Rahmen

Die erfolgreichsten Menschen sind nicht starr - sie entwickeln sich weiter und stellen sicher, dass ihre Gewohnheiten so lange bestehen bleiben, wie sie es tun.

Disziplin ist nicht nur für jetzt, sondern für das ganze Leben.

Indem Sie Gewohnheiten entwickeln, die sich mit dem Alter weiterentwickeln, Kernprinzipien verankern und lernen, sich bei Bedarf neu auszurichten, können Sie einen schaffen**dauerhaften Rahmen** , der die Disziplin aufrechterhält, egal wohin das Leben Sie führt.

Das Mittel gegen Rückfälle

Selbst die diszipliniertesten Menschen kommen ins Straucheln. Sportler verpassen das Training, Unternehmer verlieren die Motivation, und selbst die konzentriertesten Menschen geben zu, dass sie sich manchmal ablenken lassen. Der Unterschied zwischen denen, die langfristig erfolgreich sind, und denen, die aufgeben, besteht nicht darin, dass die Erfolgreichen nie versagen, sondern darin, dass sie wissen, wie sie sich schnell erholen und weitermachen können.

Ein Ausrutscher bedeutet nicht, dass alles verloren ist. Der Unterschied zwischen lebenslanger Disziplin und kurzlebiger Motivation liegt in der Fähigkeit, den Kurs schnell zu korrigieren. Wenn Sie schon einmal eine Gewohnheit aufgegeben haben, nachdem Sie ein paar Tage gefehlt haben, oder einen kleinen Misserfolg zu einem großen Rückschlag werden ließen, sind Sie nicht allein. Das Problem ist nicht der Ausrutscher selbst, sondern dass er sich zu etwas Größerem auswächst. Der Schlüssel zu lebenslanger Disziplin liegt darin, kleine Fehler zu erkennen, bevor sie sich zu einem vollständigen Rückfall auswachsen, mit einfachen

Maßnahmen wieder auf die Beine zu kommen und ohne Schuldgefühle weiterzumachen.

Den Ausrutscher auffangen, bevor er zum Sturz wird

Ein einziges ausgelassenes Training macht monatelange Fortschritte nicht zunichte, aber wiederholtes Auslassen kann eine Person wieder auf Null zurücksetzen. Eine verpasste Schreibsitzung ruiniert ein Buch nicht, aber konsequentes Vermeiden führt zu abgebrochenen Entwürfen. Wenn aus einem Fehler zwei, dann drei werden, bildet sich eine neue Gewohnheit - die Gewohnheit, aufzuhören.

Menschen scheitern nicht, weil sie einmal einen Fehler machen. Sie scheitern, weil sie den Fehler so lange unbemerkt lassen, bis es zu spät ist, um den Schwung wieder aufzunehmen.

In Studien zur Gewichtsabnahme haben Forscher herausgefunden, dass diejenigen, die nach einer Diät wieder zunehmen, oft einem vorhersehbaren Muster folgen: Aus einer "Schummelspeise" wird eine ganze Woche mit schlechtem Essen, und anstatt das Verhalten frühzeitig zu korrigieren, rechtfertigen sie den weiteren Genuss. Das eigentliche Problem ist nicht der erste Fehler, sondern das Versäumnis, den Kurs zu korrigieren, wenn die Dinge ins Rutschen geraten.

Eine der besten Möglichkeiten, diese Abwärtsspirale zu vermeiden, besteht darin, **sie frühzeitig zu erkennen**. Zu erkennen, wann die Disziplin nachlässt, ist der erste Schritt, um einen vollständigen Rückfall zu verhindern. Zu den Anzeichen, auf die man achten sollte, gehören nachlassende Begeisterung für eine Gewohnheit, sich einschleichende Rechtfertigungen - "Ich fange morgen wieder an" oder "Einmal ist keinmal" - und Unterbrechungen der Routine.

Je früher diese Warnsignale erkannt werden, desto einfacher ist es, sich neu zu orientieren, bevor man zu viel Boden verliert.

Mit kleinen Schritten wieder auf die Beine kommen

Sobald eine Gewohnheit gebrochen ist, glauben viele Menschen, dass sie die verlorene Zeit kompensieren müssen. Ein Läufer, der drei Tage lang nicht trainiert hat, versucht vielleicht, ein extremes Training zu absolvieren, um das Versäumnis "auszugleichen". Ein Student, der beim Lernen in Rückstand gerät, versucht vielleicht, die ganze Nacht zu pauken, um wieder in die Spur zu kommen. Diese Denkweise führt oft zu Burnout und Misserfolg, weil sie unnötigen Druck auf das Comeback ausübt.

Meb Keflezighi, ein professioneller Marathonläufer, erlitt eine Verletzung, die ihn monatelang vom Training abhielt. Anstatt zu versuchen, mit voller Intensität zurückzukehren, begann er mit kleinen, überschaubaren Einheiten und baute seine Ausdauer allmählich wieder auf. Ein Jahr später gewann er den Boston-Marathon und bewies damit, dass eine langsame, stetige Rückkehr zu dauerhaftem Erfolg führt.

Der schnellste Weg, sich von einem Rückstand zu erholen, besteht nicht darin, sich noch mehr anzustrengen, sondern auf die kleinstmögliche, einfachste Weise neu anzufangen. Es ist besser, nur einen Satz zu schreiben, nachdem man mehrere Tage nicht gearbeitet hat, als zu versuchen, ein ganzes Kapitel in einer Sitzung zu beenden. Ein einziger Liegestütz, nachdem man eine Woche lang nicht trainiert hat, ist besser als eine zweistündige Fitnessstudio-Sitzung, die man nicht durchhält.

Der Schlüssel ist **Schwung statt Intensität**. Konzentrieren Sie sich darauf, wieder in die Spur zu kommen:

- Mit der kleinsten Version der Gewohnheit, um Widerstände zu beseitigen.neu beginnen

- Vermeidung von Selbstbestrafung - Ziel ist es, den Rhythmus wiederzufinden, nicht durch übermäßige Anstrengung zu leiden.
- Sich auf die nächste Handlung zu konzentrieren, anstatt sich mit dem Fehler zu befassen.

Kein Comeback muss perfekt sein. Akzeptieren Sie die Schönheit der Unvollkommenheit. Konzentrieren Sie sich darauf, wieder konsequent zu sein.

Schuldgefühle loslassen und vorwärts gehen

Viele Menschen haben nicht nur damit zu kämpfen, dass sie vom Weg abkommen - sie kämpfen auch damit, wie sie sich nach einem Rückschlag sehen. Sie wechseln von "Ich habe mein Training geschwänzt" zu "Ich bin faul". Sie wechseln von "Ich habe diese Aufgabe aufgeschoben" zu "Ich kann mich nicht konzentrieren". Diese Art negativer Selbstgespräche verstärkt das Scheitern und macht es schwieriger, sich zu erholen.

Es hat sich gezeigt, dass Selbstmitgefühl - im Gegensatz zu Selbstkritik - einer der stärksten Prädiktoren für langfristigen Erfolg ist. Studien deuten darauf hin, dass diejenigen, die sich Fehler verzeihen, ihre Gewohnheiten eher wieder aufnehmen, während diejenigen, die in Schuldgefühlen schwelgen, eher in Untätigkeit verfallen.

Bevor J.K. Rowling zu einer der erfolgreichsten Autorinnen aller Zeiten wurde, musste sie zahlreiche Misserfolge und Ablehnungen hinnehmen. Anstatt Rückschläge als Beweis dafür zu sehen, dass sie nicht fähig war, betrachtete sie sie als Teil des Prozesses und konzentrierte sich darauf, zu lernen, anstatt sich selbst die Schuld zu geben.

Der ewige Rahmen

Eine der wirksamsten Methoden, einen Rückfall zu überwinden, besteht darin, **das Scheitern als Feedback zu betrachten**. Anstatt zu denken: "Ich habe versagt, also bin ich nicht diszipliniert", fragen Sie: "Was kann ich daraus lernen?" Wenn man herausfindet, was den Ausrutscher verursacht hat - sei es Erschöpfung, Stress oder mangelnde Planung - wird der Fehler zu einer Lektion.

Schuldgefühle schaffen keine neuen Gewohnheiten. Handeln schon. Je eher sich der Fokus vom Bedauern auf den nächsten Schritt verlagert, desto eher kann die Disziplin wiederhergestellt werden.

Bei der Disziplin geht es nicht darum, nie auszurutschen - es **geht darum, nie aufzuhören**

Fehlschläge sind unvermeidlich. Es geht nicht darum, Misserfolge zu vermeiden, sondern darum, sie zu überwinden. Indem man Rückschläge frühzeitig erkennt, auf möglichst einfache Weise zu seinen Gewohnheiten zurückkehrt und ohne Schuldgefühle weitermacht, wird Disziplin zu etwas Dauerhaftem.

Vermächtnis der Kontrolle

Irgendwann wird Disziplin mehr als nur eine persönliche Übung - sie wird zu etwas, das die Welt um einen herum prägt. Die diszipliniertesten Menschen verändern nicht nur ihr eigenes Leben, sie **hinterlassen auch einen bleibenden Eindruck bei anderen**.

Bei einem disziplinierten Leben geht es nicht nur darum, was man erreicht. Es geht um die Gewohnheiten, Lektionen und die Denkweise, die Sie weitergeben. Ob durch Mentorenschaft, Einfluss oder das Beispiel, das Sie geben, Ihr Engagement für Disziplin reicht über Sie hinaus.

Jeder große Anführer, Lehrer und Innovator trägt diese

Verantwortung. Ihre Disziplin hat nicht nur ihren Erfolg beflügelt, sondern auch das Leben derer, die ihnen folgten, verändert.

Weitergabe von Disziplin an andere

Etwas zu lehren ist einer der schnellsten Wege, seine eigene Meisterschaft zu festigen. Wenn Sie jemanden anleiten - sei es einen Freund, einen Kollegen oder Ihr eigenes Kind -, verstärken Sie genau die Gewohnheiten, die Sie beibehalten wollen.

Ein Vater, der seinen Kindern den Wert der Selbstdisziplin beibringt, prägt nicht nur ihre Zukunft, sondern stärkt auch seine eigene Disziplin. Eine Führungspersönlichkeit, die ein Team zur Konzentration anspornt, steigert nicht nur die Produktivität, sondern stellt auch höhere Anforderungen an sich selbst.

Viele der größten Denker der Geschichte haben dies verstanden. Benjamin Franklin, eine der diszipliniertesten Persönlichkeiten der Geschichte, behielt seine strukturierten Gewohnheiten nicht nur für sich selbst - er war Mentor für andere, schrieb über Selbstverbesserung und sorgte dafür, dass seine Lektionen über seine eigene Lebenszeit hinaus Bestand hatten. Seine 13 *Tugenden - ein* selbst auferlegter Kodex der Disziplin - wurden zu einem Vorbild für nachfolgende Generationen.

Wirksame Vermittlung von Disziplin:

- Gehen Sie mit gutem Beispiel voran - Menschen folgen nicht den Worten, sondern den Taten.
- Teilen Sie die Lektionen so, dass sie zugänglich sind.
- Bieten Sie denjenigen, die Anleitung brauchen, Mentorschaft und Verantwortlichkeit an.

Wenn Sie Disziplin lehren, sorgen Sie dafür, dass die Auswirkungen Ihr eigenes Leben überdauern. Teilen Sie die

Ideen in diesem Buch, die Sie ausprobiert haben und die Ihnen am meisten geholfen haben. Ihre persönliche Geschichte kann die größte Inspiration für die Menschen um Sie herum sein. Teilen Sie die "Quick Micro Wins" mit, die Sie am hilfreichsten fanden. Wenn Sie unterrichten, geschieht etwas Magisches. Sie erhöhen automatisch das Niveau dessen, was Sie lehren.

Messen Sie die Reichweite Ihres Einflusses

Es ist leicht zu übersehen, wie kleine Gewohnheiten große Wellen schlagen. Ein einziger disziplinierter Akt - früh aufstehen, sich der Arbeit widmen, konsequent bleiben - kann andere auf eine Weise inspirieren, die Sie vielleicht nie sehen.

Ein Lehrer führte seine Schüler in einfache, aber wirkungsvolle Zielsetzungsgewohnheiten ein, ohne zu ahnen, welche nachhaltige Wirkung dies haben würde. Jahrzehnte später blicken viele dieser Schüler auf diese Lektionen zurück und schreiben ihnen zu, dass sie ihre Karriere und ihr persönliches Leben geprägt haben. Was als kleine Übung im Klassenzimmer begann, wurde zu einem Dominoeffekt und beeinflusste Generationen von erfolgreichen Schülern.

Bei Disziplin geht es nicht nur um Selbstverbesserung, sondern auch um die unsichtbare Wirkung. Die Worte eines Mentors könnten einen Durchbruch bewirken. Ein Buch über Produktivität könnte die Gewohnheiten eines Lesers für das ganze Leben verändern. Die Art und Weise, wie Sie leben, könnte das Denken und Handeln anderer inspirieren.

Machen Sie eine Bestandsaufnahme Ihres eigenen Einflusses:

- Wen haben Sie mit Ihrer Disziplin oder auch mit Ihrem Mangel an Disziplin beeinflusst?

- Wie haben sich Ihre Gewohnheiten auf andere ausgewirkt - direkt oder indirekt?
- Welche Lektionen haben Sie weitergegeben, ohne sich dessen bewusst zu sein?

Jede disziplinierte Handlung hinterlässt einen Fußabdruck - manchmal auf eine Art und Weise, die man nie ganz verstehen wird. Ein hehres Ziel ist es, ein Beispiel zu sein, nicht eine Warnung. Wir wollen nicht Jahre unseres Lebens vergeuden, um letztlich eine wandelnde Warnung für die nächste Generation zu sein.

Ein Vermächtnis aufbauen, das Sie überdauert

Wie sieht Disziplin in Jahrzehnten aus? Wie werden Ihre Gewohnheiten die Welt noch lange nach Ihrem Tod prägen?

Diejenigen, die den größten Einfluss haben, denken über sich selbst hinaus. Bei ihrer Disziplin geht es nicht nur um persönliche Leistungen, sondern auch darum, dass ihre Arbeit, ihre Werte und ihre Denkweise noch lange nach ihrem Tod fortbestehen.

Der legendäre Investor Charlie Munger verbrachte Jahrzehnte damit, seine Prinzipien der Entscheidungsfindung, der Konzentration und des rationalen Denkens zu verfeinern. Aber er nutzte diese nicht nur für seinen eigenen Erfolg, sondern gab sie in Reden, Schriften und als Mentor weiter. Auch lange nach seinem Tod prägen seine Erkenntnisse Investoren, Unternehmer und Denker.

Ein dauerhaftes Vermächtnis der Disziplin zu schaffen:

- Denken Sie in Jahrzehnten, nicht nur in Tagen - welche Gewohnheiten werden Ihnen langfristig helfen?
- Dokumentieren Sie, was Sie gelernt haben - Tagebücher,

Bücher oder sogar kleine Notizen können ein ganzes Leben überdauern.
- Planen Sie, was als Nächstes kommt - was werden Sie bauen, lehren oder weitergeben, um die Disziplin über Ihre eigene Reise hinaus am Leben zu erhalten?

Die Ewigkeit beginnt heute. Die Maßnahmen, die Sie jetzt ergreifen, legen den Grundstein für etwas, das größer ist als Sie selbst.

Schnelle Mikrogewinne

1. **Schreiben Sie Ihre Grundprinzipien auf - auch** wenn sie heute niemand liest, können sie in Zukunft jemandem als Orientierung dienen.
2. **Seien Sie ein Vorbild - Ihre** Gewohnheiten, Routinen und Disziplin werden andere mehr inspirieren als alle Worte es könnten.
3. **Bringen Sie jemandem, der jünger ist, eine kleine Gewohnheit bei - eine** einfache Lektion kann für ihn zu einer lebenslangen Übung werden.
4. **Denken Sie über Ihren Einfluss nach - Machen Sie** eine Bestandsaufnahme, wie Ihr Fach andere beeinflusst hat und was Sie weiterhin weitergeben möchten.

Disziplin ist nicht nur für Sie, sondern auch für alle, die in Ihre Fußstapfen treten. Ihr Engagement für Disziplin, Beständigkeit und Konzentration kann Wellen schlagen, die ein ganzes Leben überdauern.

Kapitel 10

Entfesselte Meisterschaft

Hoffentlich ist die Person, mit der diese Reise begann, nicht dieselbe Person, die dies jetzt liest. Als Sie anfingen, hat sich Disziplin vielleicht wie ein Kampf angefühlt - etwas, zu dem Sie sich zwingen mussten, etwas, das Anstrengung , etwas außerhalb Ihrer natürlichen Instinkte. Ich hoffe, dass Sie mit jedem Kapitel - vom Aufbau von Gewohnheiten über die Überwindung von Rückschlägen bis hin zur Steigerung

Ihrer Disziplin - nicht mehr nur "versuchen", diszipliniert zu sein. Das hoffe ich: erforderte**Sie sind jetzt diszipliniert.**

Bei der Beherrschung geht es nie um äußere Bestätigung oder Perfektion - es geht darum, Disziplin als Teil von sich selbst . In der letzten Phase dieser Reise geht es nicht nur darum, Gewohnheiten beizubehalten. Es geht darum, auf einem Niveau zu arbeiten, auf dem Disziplin zur zweiten Natur wird.*zu akzeptieren*

Sie haben die Arbeit getan. Versetzen wir uns nun in die Denkweise von jemandem, der sein diszipliniertes Selbst mit Leichtigkeit beherrscht.

Das Mastery Mindset

Auf den höchsten Ebenen eines jeden Bereichs - Sport, Wirtschaft, Kunst - gibt es ein gemeinsames Merkmal unter den Meistern. Sie sehen Disziplin nicht als etwas an, das sie "tun". Sie betrachten sie als **das, was sie sind**.

Spitzensportler müssen sich nicht selbst überzeugen, zu trainieren. Erfolgreiche Schriftsteller diskutieren nicht darüber, ob sie sich hinsetzen und schreiben sollen. Sie tun diese Dinge, weil sie haben*ihre Disziplin* . Sie haben keine Wahl mehr - es ist Teil ihrer Identität.**verinnerlicht**

Muhammad Ali sagte einmal: *"Ich bin der Größte. Das habe ich schon gesagt, bevor ich wusste, dass ich es bin."* Seine Worte waren nicht arrogant, sondern spiegelten seinen Glauben an sich selbst wider, lange bevor die Welt seine Meisterschaft erkannte. Sein Selbstvertrauen war nicht äußerlich, sondern etwas, das er von innen heraus aufbaute.

Ihre Identität bestimmt Ihr Handeln. Wenn Sie sich selbst als jemanden sehen, dem es schwerfällt, sich zu konzentrieren, werden Sie immer gegen Ablenkung ankämpfen. Wenn Sie sich jedoch als disziplinierte, strukturierte und konzentrierte Person sehen, wird jede Ihrer Handlungen mit dieser Identität übereinstimmen.

Übernehmen Sie die Verantwortung für Ihre Denkweise:

- **Bestätigen Sie Ihre Disziplin täglich.** Eine einfache Überzeugung - *"Ich bin diszipliniert"* - kann Ihr Verhalten verändern. Sie kennen meinen Lieblingssatz. "Ich tue es JETZT" wirkt bei mir Wunder.
- **Beseitigen Sie Selbstzweifel.** Bei der Disziplin geht es nicht darum, perfekt zu sein; es geht um Beständigkeit.
- **Hören Sie auf zu "versuchen" - beginnen Sie zu sein.** Wenn Sie die Disziplin nicht mehr erzwingen müssen, haben Sie sie gemeistert.

Denken Sie daran: Sie denken, also gewinnen Sie. Auch wenn es im Moment unglaublich erscheint, glauben Sie daran, dass Sie sind *diese* Person, dieses disziplinierte Selbst.

Vertrauenskomponente

Jeder Erfolg - und sei er noch so klein - stärkt das Vertrauen. Je öfter Sie Ihre Disziplin durchsetzen, desto stärker wird Ihr Glaube an sich selbst.

Psychologen nennen dies *Selbstwirksamkeit - den* Glauben an die eigene Fähigkeit zum Erfolg. Sie ist einer der stärksten Prädiktoren für langfristigen Erfolg. Diejenigen, die auf ihre Fähigkeit vertrauen, diszipliniert zu bleiben, werden besser abschneiden als diejenigen, die ständig an sich selbst zweifeln.

Denken Sie an die Veränderung von Mel Robbins. Sie kämpfte mit Ängsten und Aufschieberitis und fühlte sich ständig festgefahren. Eines Tages führte sie eine einfache Regel ein: Sie **zählte von fünf herunter, bevor sie etwas unternahm.** Die *5-Sekunden-*

Regel wurde zu einer Gewohnheit, dann zu einem Lebensstil und schließlich zu einer weltweiten Bewegung, die Millionen von Menschen half, ihre Zögerlichkeit zu überwinden.

Was als winziger Erfolg begann, der für Mel darin bestand, pünktlich aus dem Bett zu kommen, wurde zur Grundlage für vollständiges Selbstvertrauen und Veränderung. Der Aufbau von Selbstvertrauen durch Disziplin folgt dieser Formel:

1. **Kleine Aktionen führen zu kleinen Erfolgen.**
2. **Kleine Erfolge führen zu beständigem Erfolg.**
3. **Beständiger Erfolg führt zu unerschütterlichem Glauben.**

Um Ihr Selbstvertrauen zu stärken, legen Sie einen *Beweisstapel an* - eine Sammlung früherer Erfolge, die Sie an Ihre Disziplin erinnern. Jedes Mal, wenn Sie zögern, sollten Sie sich Ihre Erfolge vor Augen führen, ganz gleich wie klein sie sind.

Bei der Meisterschaft geht es nicht um Talent oder Glück, sondern darum, sich selbst immer und immer wieder zu beweisen, dass man fähig ist.

Die Decken, die Sie sehen, sind Illusionen

Die letzte Stufe der Disziplin ist die Erkenntnis, dass es keine Grenzen gibt, was man erreichen kann.

Die meisten Menschen bewegen sich innerhalb künstlicher Grenzen - selbst auferlegter Überzeugungen darüber, wozu sie sind *fähig* , was sie *verdienen* und was ist *realistisch* . Diese Grenzen sind nicht real. Sie sind Konstrukte aus Gewohnheit, Umgebung und früherer Konditionierung.

Arnold Schwarzenegger wuchs in einem kleinen österreichischen Dorf auf. Niemand aus seinem Heimatort hatte je etwas Bemerkenswertes geleistet, und doch beschloss er als Kind, der größte Bodybuilder der Welt zu werden. Das wurde er auch. Dann beschloss er, dass er ein Hollywood-Star werden würde. Er wurde es. Dann wurde er Gouverneur von Kalifornien.

Sein Erfolg hatte nichts mit natürlichem Talent oder Beziehungen zu tun. Es ging darum, dass er sich weigerte, Einschränkungen zu akzeptieren. Fragen Sie sich selbst:

- Was würde ich tun, wenn ich wüsste, dass ich nicht scheitern kann?
- Wenn ich die disziplinierteste Version meiner selbst sein könnte, was würde ich dann erreichen?
- Wo ich in meinem Leben *schränke ein*mich aufgrund falscher Annahmen?

Dieselbe Disziplin, die Sie hierher, auf diese Seite, gebracht hat, ist auch die Disziplin, die Sie über Ihre derzeitige Obergrenze hinausbringen wird. Die Zukunft steht Ihnen offen, und Disziplin ist der Schlüssel, um ihr volles Potenzial zu erschließen.

Das sind Sie selbst

Bei der Meisterschaft geht es nicht um eine perfekte Ausführung. Es geht darum, ein Niveau zu erreichen, bei dem Disziplin nicht länger ein Kampf ist. Man muss sie nicht erzwingen. Sie brauchen keine Motivation. Sie brauchen keine Ermahnungen. Man ist diszipliniert, weil man sich selbst als diszipliniert sieht. Sie tun die schwierigen Dinge, auch wenn Ihnen nicht danach zumute ist. Du konzentrierst dich auf kleine Erfolge, und die werden dann zu großen Erfolgen. Das ist einfach so, wie Sie sind.

Dies ist die höchste Stufe des Erfolgs - Disziplin nicht nur zu verstehen, sondern **sie auch zu leben**.

Das Grab der Prokrastination

Die Version von Ihnen, die gezögert, überlegt und gezögert hat, existiert nicht mehr.

Aufschieben ist kein Persönlichkeitsmerkmal, sondern eine erlernte Verhaltensweise. Und wie jede Gewohnheit kann sie ersetzt werden. An ihrer Stelle haben Sie ein System aufgebaut, das Handeln zu Ihrer Standardreaktion macht. Die Veränderung ist tiefgreifend: kein Warten mehr auf Motivation, keine Zeitverschwendung durch Unentschlossenheit. Nur noch Bewegung, Schwung und Vollendung.

Wer diszipliniert ist, wartet nicht. Sie beginnen. Sie beenden. Sie lassen keine Aufgabe unerledigt. Das ist der Punkt, an dem Sie die Prokrastination für immer begraben.

Aktion als Standardeinstellung

Zögern ist nur ein als Vorsicht getarntes Zaudern. Je länger man vor einer Aufgabe zögert, desto schwieriger wird es, sie zu beginnen. Der Verstand baut Widerstand auf und spinnt Ausreden, bis das Handeln unmöglich erscheint.

Denken Sie an die Geschichte von Richard Branson, dem milliardenschweren Unternehmer hinter der Virgin Group. Er hat sein Imperium nicht aufgebaut, indem er jede Entscheidung überanalysiert hat - er hat gehandelt, oft bevor er sich "bereit" fühlte. Als er Virgin Atlantic gründete, hatte er keine Erfahrung in der Luftfahrtbranche. Die Idee kam ihm, als sein Flug gestrichen wurde, und anstatt sich zu beschweren, charterte er ein Flugzeug, füllte es mit Passagieren und machte aus der Erfahrung ein Geschäft.

Seine Philosophie? **"Scheiß drauf, lass es uns tun."** Er verstand, dass das Warten auf den perfekten Moment nur zu verpassten Chancen führt.

Aufschieberitis stirbt, wenn man ihr den Sauerstoff entzieht: **Unentschlossenheit.** In dem Moment, in dem Sie das Zögern erkennen, handeln Sie sofort. Kleine Aktionen führen zu kleinen Erfolgen. Kleine Erfolge summieren sich zu unaufhaltsamer Disziplin.

Die Regel ist einfach: **Wenn Sie den Drang verspüren zu zögern, handeln Sie innerhalb von fünf Sekunden.**

Kein Denken. Kein Analysieren. Einfach bewegen.

Die Macht der Schnellstarts

Forschungen aus der Verhaltenspsychologie zeigen eine wichtige Wahrheit: *Je länger man eine Aufgabe hinauszögert, desto schwieriger wird es, sie zu beginnen.* Jeder Moment, in dem man zu viel nachdenkt, erzeugt zusätzlichen Widerstand.

Professor Piers Steel, Autor des Buches *The Procrastination Equation*, fand heraus, dass Menschen, die Aufgaben schnell - wenn auch unvollkommen - in Angriff nehmen, diese mit weitaus größerer Wahrscheinlichkeit zu Ende bringen als diejenigen, die versuchen, sich vor Beginn "vorzubereiten".

Ein bekanntes Beispiel für dieses Prinzip stammt von James Dyson, dem Erfinder des Dyson-Staubsaugers. Er verbrachte nicht Jahre damit, darüber zu theoretisieren, wie er den perfekten Prototyp bauen könnte. Stattdessen baute er über **5.000 gescheiterte Prototypen**, bevor er sein erstes erfolgreiches Design entwickelte. Er handelte schnell, lernte aus der Praxis und verfeinerte seinen Prozess durch Handeln, nicht durch Warten.

Ein anderer Fall: Ein Software-Ingenieur namens Ryan kämpfte jahrelang damit, persönliche Projekte abzuschließen. Er war von einer Idee begeistert und zögerte dann die Ausführung hinaus. Eines Tages legte er eine fest**"First-Five-Sprint"-Regel : Bevor** er irgendetwas anderes an seinem Tag tat, verbrachte er die ersten fünf Minuten damit, sofortige Fortschritte bei einem Projekt zu machen. Kein Druck, keine Erwartungen - nur die Verpflichtung, anzufangen.

Aus diesen fünf Minuten wurde immer etwas mehr. Ein schneller Start umgeht die mentale Reibung des Anfangs. Wenn eine Aufgabe überwältigend erscheint, reduzieren Sie sie auf die ersten fünf Minuten. Das ist alles, was nötig ist, um die Trägheit zu durchbrechen.

Unvollständige Arbeit für immer begraben

Unerledigte Arbeit belastet den Geist. Sie verweilen im Hintergrund, verursachen Stress und zehren an der geistigen Energie. Unerledigte Aufgaben verlangen nach Aufmerksamkeit und lassen Sie in einem Kreislauf offener Schleifen feststecken.

Dieses Prinzip beruht auf dem **Zeigarnik-Effekt**, einem psychologischen Phänomen, bei dem unerledigte Aufgaben mehr geistige Bandbreite beanspruchen als erledigte. Das erklärt, warum sich Menschen wegen unerledigter Aufgaben beunruhigt fühlen, auch wenn sie nicht aktiv daran arbeiten.

Nehmen Sie das Beispiel von Sheryl Sandberg, der ehemaligen COO von Meta. Sandberg, die für ihre unnachgiebige Arbeitsweise bekannt ist, wandte eine Regel an, die sie nannte**"erledigt ist besser als perfekt"** . Sie wusste, dass Perfektionismus zu Aufschieberitis führt, und konzentrierte sich daher auf die Erledigung von Aufgaben, anstatt sie endlos zu verfeinern. Dieser Ansatz half ihr, Teams zu vergrößern, Projekte effizient zu starten und eine hohe Produktivität ohne Burnout aufrechtzuerhalten.

Ein anderes Beispiel: Jessica, eine berufstätige Mutter, fühlte sich ständig von Haushaltsaufgaben, Arbeitsterminen und persönlichen Zielen überwältigt. Der Durchbruch gelang ihr, als sie einen einführte **Tracker für "täglich erledigte Aufgaben"** - anstatt weitere Aufgaben auf ihre Liste zu setzen, verpflichtete sie sich, jeden Tag etwas . Ganz gleich, ob es sich um die Beendigung eines Arbeitsprojekts, das Schließen eines offenen E-Mail-Threads oder die Erledigung einer Besorgung handelte, sie sorgte dafür, dass die Aufgaben zu den Akten gelegt wurden.**zu erledigen**

Wenn es sich nicht lohnt, etwas zu Ende zu bringen, ist es wert, es loszulassen. Wenn es wichtig ist, begraben Sie das Zögern und erledigen Sie es.

Erfolg neu definiert

Disziplin war einst die Brücke zwischen dem, wo Sie waren, und dem, was Sie erreichen wollten. Jetzt ist sie einfach ein Teil von Ihnen. Aber was kommt als Nächstes? Was passiert, wenn Sie nicht mehr um Disziplin kämpfen müssen, wenn sie mühelos und automatisch wird?

Die Antwort lautet **Freiheit**.

Erfolg ist nicht nur das Erreichen äußerer Meilensteine. Es geht um innere Meisterschaft - darum, zu wissen, dass Sie die Macht haben, alle Herausforderungen zu meistern, ganz gleich, was auf Sie zukommt. In diesem Kapitel geht es darum, Erfolg zu Ihren Bedingungen neu zu definieren, wahre Freiheit zu erlangen und sicherzustellen, dass Ihr Einfluss Sie überdauert.

Sie haben das Fundament gelegt. Jetzt müssen wir es zu etwas noch Größerem ausbauen.

Sie bestimmen die Definition von Erfolg selbst

Für die meisten Menschen ist der Erfolg ein bewegliches Ziel. Sie erreichen ein Ziel, nur um es durch ein neues zu ersetzen. Sie erreichen einen Meilenstein, fühlen sich aber unerfüllt. Das liegt daran, dass sie nie aufgehört haben zu definieren**, was Erfolg eigentlich für sie bedeutet**.

Ohne eine klare Vision riskieren Sie, einem Leben nachzujagen, das nie für Sie bestimmt war.

Nehmen Sie die Geschichte von Howard Schultz, dem Mann hinter Starbucks. Aufgewachsen in einer armen Gegend, war seine frühe Definition von Erfolg einfach: der Armut entkommen. Doch als er ein Milliarden-Dollar-Unternehmen aufbaute, wurde ihm klar, dass finanzieller Erfolg nicht genug war. Er wollte ein Unternehmen gründen, das seine Mitarbeiter wie Familienangehörige behandelt, das Gesundheitsfürsorge und Chancen für Menschen aus bescheidenen Verhältnissen bietet. Seine Vorstellung von Erfolg wandelte sich, und statt endlosem Wachstum nachzujagen, konzentrierte er sich darauf, etwas zu bewirken.

Erfolg ist etwas sehr Persönliches. Fragen Sie sich selbst:

- Was will ich wirklich - und nicht das, was die Gesellschaft mir vorschreibt?
- Wie sähe Erfolg aus, wenn ich Status, Geld und externe Bestätigung abschaffen würde?
- Welche Art von Arbeit, Beziehungen und Leben würde mich stolz machen?

Sie haben die Disziplin, alles zu erreichen, was Sie sich vorgenommen haben. Setzen Sie sich jetzt etwas zum Ziel, das Ihnen wirklich wichtig ist.

Disziplin erschließt die wahre Freiheit

Zu Beginn dieser Reise mag sich Disziplin wie eine Einschränkung angefühlt haben - eine Reihe von Regeln, die das, was Sie tun können, begrenzen. Aber in Wirklichkeit ist es die Disziplin, die **Freiheit möglich macht**.

Die diszipliniertesten Menschen der Welt sind auch die freiesten. Warum? Weil sie die Kontrolle haben. Sie haben die Kontrolle über ihre Zeit, ihre Gewohnheiten und ihr Handeln. Sie sind keine Sklaven von Ablenkungen, Impulsen oder Gefühlen.

Tim Ferriss, der Autor von *The 4-Hour Workweek*, hat dies am eigenen Leib erfahren. Anfangs strebte er nach Erfolg in Form von finanziellem Reichtum, arbeitete lange und verausgabte sich. Doch mit der Zeit erkannte er, dass wahrer Erfolg nicht darin besteht, mehr zu arbeiten, sondern **sich seine Zeit selbst einzuteilen**. Er automatisierte sein Unternehmen, eliminierte unnötige Aufgaben und baute sich ein Leben auf, in dem er monatelang auf Reisen gehen und trotzdem beruflich erfolgreich sein konnte.

Freiheit bedeutet nicht, der Arbeit zu entkommen. Es geht darum, ein Leben zu gestalten, in dem Arbeit, Erholung und Leidenschaft zu Ihren Bedingungen koexistieren.

Nehmen Sie sich einen Moment Zeit, um aufzuzählen, was Freiheit für Sie bedeutet. Vielleicht bedeutet es, Zeit zum Reisen zu haben. Vielleicht ist es finanzielle Unabhängigkeit. Vielleicht bedeutet es, mit der Familie ganz präsent zu sein oder ohne finanziellen Stress kreativen Leidenschaften nachgehen zu können.

Wie auch immer Ihre Antwort ausfällt, Disziplin ist der Schlüssel zu ihrer Entschlüsselung. Wenn Sie sich selbst kontrollieren, kontrollieren Sie Ihre Zukunft.

Was werden Sie zurücklassen?

In der letzten Phase der Disziplin geht es nicht nur um persönlichen Erfolg. Es geht um die Wirkung.

Wahre Meisterschaft wird nicht daran gemessen, wie viel man erreicht, sondern daran, wie sehr man andere beeinflusst.

Nehmen Sie Nelson Mandela. Er war 27 Jahre lang im Gefängnis, aber er ließ sich weder geistig noch seelisch brechen. Er ging gestärkt daraus hervor und nutzte seine Disziplin und sein Durchhaltevermögen, um Südafrika aus der Apartheid zu führen. Sein Erfolg war nicht nur sein eigener; er wirkte über Generationen hinweg.

Sie müssen die Welt nicht im globalen Maßstab verändern. Ihr Vermächtnis könnten die Lektionen sein, die Sie an Ihre Kinder weitergeben, das Unternehmen, das Sie aufbauen, um Ihre Gemeinschaft zu unterstützen, oder das Beispiel, das Sie denen geben, die zu Ihnen aufschauen.

Bedenken Sie:

- Welche Botschaft möchte ich mit meinem Leben hinterlassen?
- Welche Lektionen kann ich weitergeben, die mich überdauern werden?
- Wie kann ich meine Disziplin nutzen, um eine nachhaltige Wirkung zu erzielen?

Beim Erfolg geht es nicht darum, wie viel man gewinnt. Es geht darum, wie viel man zurückgibt.

Schnelle Mikrogewinne

Um die Lektionen dieses Kapitels vollständig zu verinnerlichen, sollten Sie diese kleinen, aber wirkungsvollen Maßnahmen ausprobieren:

1. **Schreiben Sie Ihre Erfolgserklärung.** Definieren Sie den Erfolg in einem klaren Satz. Beispiel: *Erfolg bedeutet für mich, die volle Kontrolle über meine Zeit zu haben, eine Arbeit zu tun, die ich liebe, und einen positiven Einfluss auf andere zu haben.*
2. **Erstellen Sie eine Freiheitsliste.** Schreiben Sie drei Bereiche auf, in denen Sie sich mehr Freiheit wünschen (z. B. Zeit, Finanzen, kreative Arbeit). Listen Sie dann eine disziplinierte Handlung auf, die Ihnen hilft, jedes Ziel zu erreichen.
3. **Setzen Sie sich ein Vermächtnis-Ziel.** Was möchten Sie zurücklassen? Bestimmen Sie eine Gewohnheit, ein Projekt oder eine Veränderung der Denkweise, die eine nachhaltige Wirkung haben wird.
4. **Führen Sie ein Erfolgs-Audit durch.** Überprüfen Sie Ihre aktuellen Ziele. Stimmen sie mit Ihrer wahren Definition von Erfolg überein oder basieren sie auf externen Erwartungen? Passen Sie sie entsprechend an.

Schlussfolgerung: Das Mikro-Vermächtnis

Eine kleine Disziplin kann Ihr Leben umkrempeln.

Vielleicht hat es damit angefangen, dass ich zehn Minuten früher aufgestanden bin. Vielleicht war es ein Nein zu Ablenkungen. Vielleicht war es, sich zu zwingen, anzufangen, auch wenn einem nicht danach war. Was auch immer die Gewohnheit war, sie kann etwas Größeres auslösen, als Sie erwarten.

Hoffentlich denken Sie nicht nur über Selbstdisziplin nach, sondern leben sie auch.

Vielleicht haben Sie sich von jemandem, der mit Inkonsequenz, Aufschieberitis und Selbstzweifeln zu kämpfen hatte, in jemanden verwandelt, der auftaucht, durchhält und erfolgreich ist. Vielleicht haben Sie sich ein inneres Fundament geschaffen, das so stark ist, dass kein Rückschlag, keine Versuchung und keine äußere Kraft es erschüttern kann. Oder vielleicht sind Sie noch auf dem Weg zur Selbstbeherrschung. Wie auch immer, Hut ab vor Ihnen!

Und wie geht es weiter?

Dies ist nicht das Ende Ihrer Reise. Es ist der Beginn einer neuen Lebensweise.

Die von Ihnen geschaffene Transformation

Denken Sie daran zurück, als Sie dieses Buch zum ersten Mal in die Hand nahmen. Vielleicht hatten Sie das Gefühl, dass es Ihnen an Disziplin mangelt. Vielleicht kämpften Sie mit Zaudern, Selbstzweifeln oder Inkonsequenz. Sie wollten die Kontrolle über Ihre Gewohnheiten, Ihre Zeit und Ihre Zukunft, aber irgendwie ist sie Ihnen immer entglitten.

Jetzt sind die Dinge anders.

Jedes Kapitel dieses Buches war ein Sprungbrett - von der Überwindung mentaler Sabotage bis zur Neudefinition von Selbstdisziplin als System, nicht als Kampf. Von der Überwindung der Prokrastination bis zum Aufbau von Gewohnheiten, die Disziplin mühelos machen. Die Person, die dieses letzte Kapitel liest, ist nicht dieselbe Person, die das erste Kapitel begonnen hat.

Sie haben gelernt, wie man Chaos in Kontrolle, Zögern in Handeln und verstreute Anstrengungen in konzentrierte Meisterschaft verwandelt.

Die vorgenommenen Veränderungen erfolgten nicht von heute auf morgen. Sie waren **mikro-klein**, strategisch und unnachgiebig.

Wenn Sie zurückgehen und mit Ihrem früheren Ich sprechen könnten, was würden Sie sagen? Würden Sie ihnen versichern, dass es bei der Disziplin nie darum geht, perfekt zu sein, sondern nur darum, konsequent zu sein? Würden Sie ihnen sagen, dass Motivation nie die Antwort ist, sondern Systeme? Würden Sie ihnen beweisen, dass die kleinsten Gewohnheiten alles verändern können?

Das Ende der Verzögerung

Schlussfolgerung: Das Mikro-Vermächtnis 143

Prokrastination definiert Sie nicht mehr.

Früher haben Sie vor großen Projekten gezögert. Sie haben schwierige Dinge vor sich hergeschoben, weil sie Ihnen zu viel waren. Sie haben auf Motivation, Energie oder den "richtigen Zeitpunkt" gewartet. Aber jetzt? Sie handeln. Sie beginnen, bevor Sie sich bereit fühlen. Du machst kleine Schritte und lässt sie wachsen.

Erinnern Sie sich an Ihren ersten echten **Erfolg - das** erste Mal, dass Sie eines dieser Prinzipien angewandt haben und sehen konnten, dass es funktioniert. Vielleicht war es die Anwendung der "Fünf-Sekunden-Regel", um nicht mehr zu zögern. Vielleicht war es der "Erste-Fünf-Sprint", um Schwung zu holen. Vielleicht war es der Abschluss einer lange vermiedenen Aufgabe, nur weil Sie sich sagten: *"Erledigt ist besser als perfekt"*.

Dieser Sieg war keine einmalige Sache. Er war der **Beginn eines neuen Musters**.

Jetzt ist Ihre Standardreaktion auf das Zögern das Handeln, die Prokrastination hat keine Macht mehr über Sie. Sie ist begraben. Für immer.

Die verstärkende Kraft von Gewohnheiten

Die kleinen Aktionen, die Sie einst unterschätzt haben, haben sich nun zu etwas Unbestreitbarem entwickelt.

Denken Sie an die Gewohnheiten, die Sie sich angewöhnt haben - die Kleinstaufgaben, die anfangs unbedeutend schienen, sich aber zu etwas Großem entwickelt haben. Vielleicht haben Sie mit 50 Wörtern pro Tag angefangen und schreiben jetzt regelmäßig ein Tagebuch, bloggen oder schließen Projekte ab. Vielleicht haben Sie mit fünf Minuten täglicher Bewegung begonnen, und jetzt haben Sie eine Fitnessgewohnheit entwickelt, die Ihnen zur zweiten Natur geworden ist.

Die Rechnung ist einfach: **1 % Verbesserung jeden Tag = 37-fache Verbesserung in einem Jahr**.

Erfolg ist nicht ein plötzlicher Durchbruch. Es ist ein langsamer Aufbau, der unaufhaltsam wird. Jetzt sind Sie der lebende Beweis dafür, dass kleine Gewohnheiten wichtig sind. Feiern Sie das.

Denn was als Funke begann, ist jetzt ein Feuer. Und Brände lassen sich nicht so leicht löschen.

Lebendiges Mikro

Sie müssen die Disziplin nicht mehr erzwingen. Sie fließt ganz natürlich.

Und das Beste daran? Es geht nicht nur um Arbeit, Ziele oder Gewohnheiten. Es gilt für alles - Ihre Beziehungen, Ihre Gesundheit, Ihre Einstellung, Ihre Fähigkeit, die Herausforderungen des Lebens zu meistern.

Die One-Minute-Herausforderung

Wenn Sie sicherstellen wollen, dass dies für immer so bleibt, ist dies Ihre letzte Herausforderung:

Führen Sie jeden Tag eine Mikroaktion durch, die Ihre Disziplin stärkt.

Das kann so einfach sein wie:

- Mit voller Aufmerksamkeit das Bett machen
- Eine weitere Wiederholung im Fitnessstudio
- Einen zusätzlichen Satz schreiben
- Nein sagen zu einer Ablenkung
- Sich selbst in kleinem Rahmen an einen höheren Standard halten

Kleine Aktionen, jeden Tag. So halten Sie das **Mikrofeuer** am Leben.

Mentalitätsverschmelzung

Wenn Menschen mit Disziplin zu kämpfen haben, glauben sie oft, es ginge darum, was sie *tun*. Sie glauben, es ginge darum, Gewohnheiten zu erzwingen, Widerstände zu überwinden oder strenge Routinen zu befolgen.

Aber bei echter Disziplin geht es nicht darum, *was man tut*. Es geht darum, **wer du bist**.

Die Disziplinierten sind nicht auf äußere Kräfte angewiesen. Sie brauchen keine ständige Motivation oder Rechenschaftspflicht. Sie haben das, was sie sind, mit dem, was sie tun, verbunden.

Dies ist jetzt Ihre Identität.

In dem Moment, in dem Sie sagen: "Ich bin diszipliniert", und entsprechend handeln, ändert sich alles. Es geht nicht mehr um Willenskraft - es geht um Ausrichtung.

Ein Baum versucht nicht, zu wachsen. Er wächst einfach. Du versuchst nicht, diszipliniert zu sein. Du bist es einfach.

System unterstützen

Wie stellt man sicher, dass dieser Schwung nie nachlässt? Indem man das System aufrechterhält.

Jeder große Künstler, vom Sportler bis zum Unternehmer, weiß, dass es bei der Meisterschaft nicht darum geht, einen Höhepunkt zu erreichen und aufzuhören, sondern in Bewegung zu bleiben.

- **Überprüfen Sie regelmäßig Ihre Gewohnheiten - sind** sie Ihnen dienlich oder müssen sie angepasst werden?

- **Skalieren Sie weiter - wenn** sich Gewohnheiten zu leicht anfühlen, erhöhen Sie die Herausforderung.
- **Beseitigen Sie Ablenkungen, bevor sie sich einschleichen - bei der Disziplin** geht es nicht nur darum, etwas zu tun, sondern auch darum, das zu schützen, was wichtig ist.

Du bist nicht nur für heute diszipliniert. **Du bist diszipliniert fürs Leben.**

Andere inspirieren

Jeder Mensch, der Disziplin beherrscht, hat eine Verantwortung - nicht nur sich selbst gegenüber, sondern auch gegenüber anderen. Sie haben jetzt etwas Seltenes: echte Kontrolle über Ihr Handeln, Ihre Gewohnheiten und Ihre Denkweise.

Diese Kontrolle kann das Leben der Menschen um Sie herum verändern.

Jemand in Ihrem Leben kämpft jetzt mit den gleichen Dingen wie Sie früher. Sie kämpfen täglich mit Aufschieberitis, Inkonsequenz und Frustration. Sie glauben vielleicht sogar, dass sie in der Falle sitzen.

Zeigen Sie ihnen, dass sie es nicht sind.

Sie brauchen nicht zu predigen oder zu belehren. einfach **Seien Sie** ein Beispiel. Zeigen Sie ihnen Ihre Beständigkeit, Ihre Selbstbeherrschung und Ihre Fähigkeit, vorwärts zu gehen. Denn wenn sie sehen, wie du dich verwandelst, werden sie glauben, dass es auch für sie möglich ist.

Weltliche Siege

Kleine Gewohnheiten verändern nicht nur den Einzelnen. Sie verändern die Welt. Jede große Bewegung, Erfindung und

Schlussfolgerung: Das Mikro-Vermächtnis

Veränderung begann mit einer Person, die sich entschloss, diszipliniert zu sein.

Stellen Sie sich vor, mehr Menschen würden diese Grundsätze anwenden.

- Wenn Führungskräfte diszipliniert statt impulsiv führen würden.
- Wenn die Schüler die Konsistenz wirklich früh verstanden hätten.
- Wenn sich Unternehmen auf langfristige Spitzenleistungen statt auf kurzfristige Erfolge konzentrieren würden.

Die Welt wird nicht durch große Sprünge verändert. Sie wird durch kleine, tägliche, disziplinierte Aktionen verändert, die sich mit der Zeit summieren.

Das bedeutet, dass **Ihr Beitrag wichtig ist**.

Selbst wenn Sie nur Ihr eigenes Leben verändern, sind die Auswirkungen weitreichender als Sie denken.

Was Sie hier aufgebaut haben, wird nicht nur einen Monat oder ein Jahr lang halten. Es wird ein Leben lang halten. Disziplin ist die eine Eigenschaft, die alle anderen überdauert. Sie verblasst nicht wie die Motivation. Sie bricht nicht unter Druck zusammen. Sie wird nicht durch Glück oder Umstände zunichte gemacht. Sie bleibt.

Und wenn Sie dies weitergeben - sei es an Ihre Kinder, Ihr Team oder die Menschen, die zu Ihnen aufschauen - wird es Sie überleben. Dies ist Ihr Vermächtnis.

Ihre Disziplin wird über Sie hinaus **.wirken**

Die Revolution ist hier noch nicht zu Ende.

Sie beginnt jetzt.

Den Schwung aufrechterhalten

Jetzt, wo Sie die Werkzeuge haben, um unerschütterliche Selbstdisziplin aufzubauen, Aufschieberitis zu überwinden und die Kontrolle über Ihre Gewohnheiten zu übernehmen, ist es an der Zeit, dieses Wissen weiterzugeben.

Indem Sie Ihre Gedanken zu teilen*Micro Discipline* , helfen Sie anderen Lesern - genau wie Ihnen - die gleiche Anleitung zu finden, die sie brauchen, um endlich aktiv zu werden und dauerhafte Veränderungen zu schaffen.

Die meisten Menschen entdecken lebensverändernde Bücher durch Rezensionen. Ihr ehrliches Feedback könnte der Grund dafür sein, dass jemand dieses Buch in die Hand nimmt und beginnt, seinen Alltag zu verändern.

Danke, dass Sie Teil dieser Bewegung sind. Selbstdisziplin wird stärker, wenn wir teilen, was funktioniert - und ihr helft mir dabei, genau das zu tun.

Um etwas zu bewirken, gehen Sie einfach dorthin, wo Sie dieses Buch lesen, und hinterlassen Sie eine Rezension.

Ihre Worte könnten der Funke sein, der die Reise eines anderen Menschen in Gang setzt.

Jordanien-Kreuz

Bonus: Zusammenfassung & Mikrogewinne

Jedes Kapitel endete mit kleinen, wirkungsvollen Aktionen - Micro Wins -, die die Disziplin stärken. Wir hoffen, dass Ihnen diese praktischen Tipps dabei helfen, Selbstdisziplin in Ihr tägliches Leben zu integrieren. Nachfolgend finden Sie noch mehr Ideen für Quick Micro Wins aus den einzelnen Kapiteln, zusammen mit einer kurzen Auffrischung, worum es in dem Kapitel geht.

Kapitel 1: Der Sabotagekodex

Ziel: Identifizierung und Beseitigung der verborgenen Kräfte, die die Disziplin sabotieren.

1. Führen Sie ein Ablenkungs-Audit durch - Identifizieren Sie Ihre drei größten Ablenkungen (z. B. Telefon, soziale Medien, Umgebung) und eliminieren oder reduzieren Sie sie.

2. Micro Defaults einrichten - Legen Sie allgemeine Entscheidungen im Voraus fest (z. B. Mahlzeiten, Arbeitsoutfits oder Lernzeiten).

3. Schaffen Sie eine digitale Festung - Schalten Sie Benachrichtigungen aus, aktivieren Sie "Nicht stören" oder entfernen Sie zeitfressende Apps.

4. Entrümpeln Sie Ihren Arbeitsplatz - Räumen Sie Ihren Schreibtisch oder Arbeitsbereich auf, um geistige Klarheit und Konzentration zu erreichen.

5. Angst als Signal zum Handeln verstehen - Wenn Sie Angst oder Zögern spüren, machen Sie sofort einen kleinen Schritt nach vorn.

Kapitel 2: Die Denkweise der Mikromission

Ziel: Das Schlachtfeld verkleinern - kleine Siege nutzen, um Schwung zu holen.

1. Die 10-Sekunden-Regel - Wähle eine Aufgabe und erledige sie sofort für 10 Sekunden.

2. Reduzieren Sie das Ziel um 90 % - Statt "500 Wörter schreiben", verpflichten Sie sich, 50 zu schreiben. Anstatt "30 Minuten Sport treiben", fangen Sie mit 3 an.

3. Verfolge eine Mikro-Gewohnheit für 7 Tage - Wähle eine Gewohnheit und verpflichte dich, sie eine Woche lang täglich zu verfolgen.

4. Eine winzige Gewohnheit an eine bestehende Routine anhängen - Befestigen Sie eine neue Gewohnheit an etwas, das automatisch abläuft (z. B. Dehnen nach dem Zähneputzen).

5. Wenden Sie die Zwei-Minuten-Regel an: Wenn etwas weniger als zwei Minuten dauert, tun Sie es sofort.

Kapitel 3: Der mühelose Motor

Ziel: Disziplin automatisch machen - Reibungsverluste beseitigen und nahtlose Systeme aufbauen.

1. Erstellen Sie eine Fünf-Minuten-Morgenroutine - Entwerfen Sie eine einfache, wiederholbare Routine, um Ihren Tag mit Klarheit und Schwung zu beginnen.

2. Machen Sie eine Gewohnheit narrensicher - Wenn eine Gewohnheit zu viel Anstrengung erfordert, machen Sie sie einfacher (z. B. in Sportkleidung schlafen, um den morgendlichen Widerstand zu beseitigen).

3. Batch-Entscheidungsfindung - Einmal entscheiden, mehrmals ausführen (z. B. Mahlzeiten für die Woche planen, statt täglich zu entscheiden).

4. Reduzieren Sie die Reibung in der Umgebung - Platzieren Sie Hinweise in Ihrer Umgebung, die gute Gewohnheiten unterstützen (z. B. ein Buch auf Ihrem Kopfkissen, um nachts zu lesen).

5. Verwenden Sie eine Erledigungsliste - Anstatt sich auf eine Aufgabenliste zu konzentrieren, schreiben Sie am Ende des Tages auf, was Sie geschafft haben, um den Fortschritt zu bestätigen.

Kapitel 4: Das Kryptonit der Aufschieberitis

Ziel: Die Prokrastination besiegen - Fristen in Verbündete verwandeln.

1. Legen Sie eine umgekehrte Frist fest - Wählen Sie ein Enddatum und arbeiten Sie dann rückwärts, um es in kleinere Fristen zu unterteilen.

2. Wenden Sie die 5-Sekunden-Regel an: Wenn Sie den Drang verspüren zu zögern, zählen Sie 5-4-3-2-1 und beginnen Sie sofort.

3. Beginnen Sie mit einem Fünf-Minuten-Sprint - Arbeiten Sie nur fünf Minuten lang an einer Sache - der Schwung bringt Sie voran.

4. Verkleinern Sie die Aufgabe auf die erste Handlung - Anstatt "Schreiben Sie einen Bericht", schreiben Sie nur den ersten Satz.

5. Erstellen Sie einen sichtbaren Progress Tracker - Verwenden Sie einen Kalender, ein Tagebuch oder eine App, um den täglichen Fortschritt zu markieren.

Kapitel 5: Den eisernen Willen schmieden

Ziel: Stärkung der Willenskraft durch Bewältigung von Unbehagen und Widerstandsfähigkeit.

1. Nehmen Sie eine 30-sekündige kalte Dusche - Trainieren Sie Ihren Geist, bei Unbehagen ruhig zu bleiben.

2. Tun Sie täglich eine unbequeme Sache - Gehen Sie ein wenig an Ihre Grenzen (z. B. länger Blickkontakt halten, Ablenkungen ablehnen).

3. Erstellen Sie eine "Stress-Reset"-Routine - Wenn Sie überfordert sind, halten Sie inne und atmen Sie dreimal tief durch, bevor Sie reagieren.

4. Verfolgen Sie eine Serie für 30 Tage - Wählen Sie eine Gewohnheit und unterbrechen Sie die Kette nicht (z. B. 30 Tage Tage Tagebuch schreiben oder kein Zucker).

5. Wenden Sie die "Was wäre wenn"-Methode an - Wenn Sie Angst haben, fragen Sie: *"Was wäre, wenn es funktioniert?"* statt *"Was wäre, wenn ich versage?"*

Kapitel 6: Unsichtbare Gewohnheiten

Ziel: Disziplin mühelos machen - Gewohnheiten in Autopilot-Verhaltensweisen umwandeln.

1. Verbinden Sie eine neue Gewohnheit mit einer alten - Verbinden Sie eine neue Gewohnheit mit einer bestehenden (z. B. Liegestütze nach dem Zähneputzen).

2. Erstellen Sie eine Gewohnheitsschleife - Legen Sie einen Hinweis (Alarm), eine Aktion (Übung) und eine Belohnung (eine kleine Siegesfeier) fest.

3. Verwenden Sie die "2-Minuten-Regel" für die Automatisierung - Wenn eine Gewohnheit als zu schwer empfunden wird, reduzieren Sie sie auf etwas, das zwei Minuten oder weniger dauert.

4. Erfolg automatisch machen - Entfernen Sie Entscheidungen, indem Sie Disziplin zu einem Teil Ihrer Identität machen (*"Ich bin die Art von Mensch, die..."*).

5. Verwenden Sie eine Habit Scorecard - Bewerten Sie Ihre Gewohnheiten wöchentlich - was funktioniert, was nicht? Passen Sie sie entsprechend an.

Kapitel 7: Chaos als Katalysator

Ziel: Stress und Unvorhersehbarkeit in Treibstoff für den Fortschritt verwandeln.

1. Stellen Sie Stress als Herausforderung dar - Sagen Sie statt "Ich muss das tun", "Ich darf das tun".

2. Nutzen Sie Einschränkungen für die Kreativität - Begrenzen Sie die Zeit oder die Ressourcen, um die Konzentration zu erzwingen (z. B. ein 30-Minuten-Schreibsprint ohne Bearbeitung).

3. Setzen Sie sich eine kontrollierte Krise - Setzen Sie sich eine dringende Frist für Aufgaben, die Motivation erfordern.

4. Geplante Unterbrechungen" praktizieren - Gelegentlich in neuen Umgebungen oder unter neuen Bedingungen arbeiten, um die Anpassungsfähigkeit zu verbessern.

5. Verwenden Sie ein Erholungsritual - Wenn das Leben chaotisch wird, haben Sie eine strukturierte Reset-Routine (z. B. tiefe Atemzüge, Tagebuchschreiben oder ein kurzer Spaziergang).

Kapitel 8: Das Geheimnis der Skalierung

Ziel: Disziplin ohne Burnout ausbauen - Gewohnheiten exponentiell erweitern.

1. Steigern Sie die Anstrengung jeden Tag um 1 % - Wenn Sie 10 Liegestütze machen, machen Sie täglich 1 mehr. Wenn Sie 10 Minuten lang lesen, erhöhen Sie um eine Minute.

2. Bauen Sie eine neue Gewohnheit auf eine erfolgreiche auf - Wenn Sie täglich meditieren, machen Sie danach 5 Minuten Dehnübungen.

3. Verwenden Sie die "Tiny Tweaks"-Methode - Verbessern Sie Systeme mit kleinen Upgrades (z.B. Batch-Tasks, um Zeit zu sparen).

4. Verfolgen Sie das Wachstum, nicht nur die Fertigstellung - Messen Sie Verbesserungen (z. B. schneller laufen, schwerer heben, effizienter arbeiten).

5. Unterstützen Sie jemanden bei der Disziplinierung - Lehren verstärkt das Lernen - helfen Sie jemandem, eine Gewohnheit zu entwickeln, die Sie beherrschen.

Kapitel 9: Der ewige Rahmen

Ziel: Aufrechterhaltung der Lebensdisziplin - Vermeidung von Burnout und nachhaltiger Fortschritt.

1. Führen Sie monatlich einen Gewohnheitscheck durch - Bewerten Sie, was funktioniert und was angepasst werden muss.

2. Planen Sie einen wöchentlichen Neustart - Denken Sie nach, planen Sie und richten Sie die Prioritäten jeden Sonntag neu aus.

3. Nutzen Sie "Off Seasons" zum Auftanken - Machen Sie Pausen, um Burnout zu vermeiden und gleichzeitig die Struktur zu erhalten.

4. Erstellen Sie eine persönliche "Erfolgsverfassung" - Schreiben Sie Ihre wichtigsten Gewohnheiten, Werte und Leitprinzipien auf.

5. Niemals zwei Tage hintereinander aussetzen - Wenn Sie eine Gewohnheit an einem Tag aussetzen, nehmen Sie sie sofort wieder auf.

Kapitel 10: Entfesselte Meisterschaft

Ziel: Integrieren Sie Disziplin vollständig in Ihre Identität - werden Sie unaufhaltsam.

1. Lebe nach der Identitätsregel - Anstatt *"Ich will diszipliniert sein"*, sage "Ich bin diszipliniert".

2. Setzen Sie sich ein Legacy-Ziel - Wählen Sie eine Gewohnheit, ein Projekt oder eine Aufgabe, die eine dauerhafte Wirkung haben wird.

3. Prüfen Sie Ihre "Soll"- und "Muss"-Vorgaben: Lassen Sie Verpflichtungen fallen, die nicht mit Ihrer wahren Vision übereinstimmen.

4. Eine Gewohnheit jemand anderem beibringen - Verstärken Sie die Disziplin, indem Sie weitergeben, was Sie gelernt haben.

5. Feiern Sie Ihre Meisterschaft - Schauen Sie zurück, wie weit Sie gekommen sind, und erkennen Sie, dass Sie niemals zurückgehen werden.

Referenzen

Bücher über Gewohnheiten, Disziplin und Verhaltensänderung

Baumeister, R. F., & Tierney, J. (2011). *Willenskraft: Die Wiederentdeckung der größten menschlichen Kraft*. Penguin.

Clear, J. (2018). *Atomic Habits: Ein einfacher und bewährter Weg, um gute Gewohnheiten aufzubauen und schlechte zu brechen*. Avery.

Duhigg, C. (2012). *Die Macht der Gewohnheit: Warum wir tun, was wir im Leben und im Beruf tun*. Random House.

Goggins, D. (2018). *Can't hurt me: Master your mind and defy the odds*. Lioncrest Publishing.

Newport, C. (2016). *Tiefe Arbeit: Regeln für konzentrierten Erfolg in einer abgelenkten Welt*. Grand Central Publishing.

Thaler, R. H., & Sunstein, C. R. (2008). *Nudge: Bessere Entscheidungen über Gesundheit, Wohlstand und Glück*. Yale University Press.

Wissenschaftliche Studien über Selbstdisziplin, Prokrastination und die Entstehung von Gewohnheiten

Baumeister, R. F., Bratslavsky, E., Muraven, M., & Tice, D. M. (1998). *Ich-Erschöpfung: Ist das aktive Selbst eine begrenzte Ressource?* Journal of Personality and Social Psychology, 74(5), 1252-1265. https://doi.org/10.1037/0022-3514.74.5.1252

Duckworth, A. L., & Seligman, M. E. (2005). *Selbstdisziplin übertrifft den IQ bei der Vorhersage der akademischen Leistung von Jugendlichen.* Psychological Science, 16(12), 939-944. https://doi.org/10.1111/j.1467-9280.2005.01641.x

Gollwitzer, P. M., & Sheeran, P. (2006). *Umsetzungsabsichten und Zielerreichung: Eine Meta-Analyse von Effekten und Prozessen.* Advances in Experimental Social Psychology, 38, 69-119. https://doi.org/10.1016/S0065-2601(06)38002-1

Mischel, W., Ebbesen, E. B., & Zeiss, A. R. (1972). *Cognitive and attentional mechanisms in delay of gratification.* Journal of Personality and Social Psychology, 21(2), 204-218. https://doi.org/10.1037/h0032198

Muraven, M., & Baumeister, R. F. (2000). *Selbstregulierung und Erschöpfung begrenzter Ressourcen: Ähnelt die Selbstkontrolle einem Muskel?* Psychological Bulletin, 126(2), 247-259. https://doi.org/10.1037/0033-2909.126.2.247

Stahl, P. (2007). *Die Natur der Prokrastination: Eine metaanalytische und theoretische Überprüfung der Quintessenz des Versagens der Selbstregulierung.* Psychological Bulletin, 133(1), 65-94. https://doi.org/10.1037/0033-2909.133.1.65

Wood, W., & Rünger, D. (2016). *Psychologie der Gewohnheit.* Annual Review of Psychology, 67, 289-314. https://doi.org/10.1146/annurev-psych-122414-033417

Wichtige Statistiken und Studien, auf die im Buch verwiesen wird

- 92 % der Neujahrsvorsätze scheitern:

Norcross, J. C., Mrykalo, M. S., & Blagys, M. D. (2002). *Auld Lang Syne: Erfolgsprädiktoren, Veränderungsprozesse und selbstberichtete Ergebnisse von Neujahrsvorsätzen und Nichtvorsätzen*. Journal of Clinical Psychology, 58(4), 397-405. https://doi.org/10.1002/jclp.1151

- 1 % tägliche Verbesserung führt zu 37-fachem Wachstum in einem Jahr:

Ursprünglich referenziert in Clear, J. (2018). *Atomic Habits: Ein einfacher und bewährter Weg, um gute Gewohnheiten aufzubauen und schlechte zu brechen.* Avery.

- Die durchschnittliche Person überprüft ihr Telefon mehr als 150 Mal pro Tag:

Andrews, S., Ellis, D. A., Shaw, H., & Piwek, L. (2015). *Beyond self-report: Tools to compare estimated and real-world smartphone use.* PLoS ONE, 10(10), e0139004. https://doi.org/10.1371/journal.pone.0139004

- Multitasking senkt die Produktivität um 40 %:

Rubinstein, J. S., Meyer, D. E., & Evans, J. E. (2001). *Exekutive Kontrolle von kognitiven Prozessen beim Aufgabenwechsel*. Journal of Experimental Psychology: Human Perception and Performance, 27(4), 763-797. https://doi.org/10.1037/0096-1523.27.4.763

- Unübersichtliche Umgebungen beeinträchtigen die Konzentration:

McMains, S., & Kastner, S. (2011). *Interaktionen von Top-down- und Bottom-up-Mechanismen im menschlichen visuellen Kortex.* Journal of Neuroscience, 31(2), 587-597. https://doi.org/10.1523/JNEUROSCI.3766-10.2011

- Die Rolle von Dopamin bei der Bildung von Gewohnheiten und Prokrastination:

Volkow, N. D., Wang, G. J., Fowler, J. S., Tomasi, D., & Telang, F. (2011). *Addiction: Beyond dopamine reward circuitry*.Proceedings of the National Academy of Sciences, 108(37), 15037-15042. https://doi.org/10.1073/pnas.1010654108

www.ingramcontent.com/pod-product-compliance
Lightning Source LLC
Chambersburg PA
CBHW060608080526
44585CB00013B/730